아는 자를 아는 일

프라탸비갸 흐리다얌

<표지 그림 설명>

아르스 마지카(Ars Magica)

"<거울 속의 도시>는 <거울>과 다르지 않다."

거울이 무엇인가?
우리의 **"마음"**인가? **"의식(意識)"**인가?

<거울의 마술(魔術)>······

우리는 거울을 본다.
<거울 속에서 (이쪽을) 보고 있는 저 눈>을
"보고 있는" <이것>은 무엇인가?
[잘 아는 대로, **"<눈>이 볼 수는 없다!"**]

이런,
소를 타고 소 찾는다?
카시미르 산골짝 말로 **"빛이 빛을 본다!"**
"프라카샤-비마르샤-마야!"

도대체
"재인식(再認識)"이란 무슨 뜻인가?

아는 자를 아는 일

프라탸비갸 흐리다얌

- 재인식(再認識)의 비의(秘義) -

金恩在 지음

지혜의나무

목차

들어가며

세상에는, <샥티의 하강(下降)[성령(聖靈)의 강림, "은혜"]>으로 꽃피게 될 **<신(神)과의 합일(合一)>을 바라는, 헌신(獻身)과 신애(信愛)의 사람들**이 있다.

그들은 <하느(하나)님>이나 예수님, 부처님이라면 그냥 그저 껌뻑 죽을 뿐이다.

그들은 기독교의 <조직(組織) 신학> 같은 치밀한 교리나 불교의 <중관론(中觀論)>, <유식론(唯識論)> 같은 난해한 논설을 공부한 적도 없다.

<**쉬바** 즉 **의식**(意識)에 관한 비밀 교의(敎義)의 핵심>인 <**프라탸비갸**[**재인식**(再認識)]>라는 거대한 교설의 대양(大洋)에서……

크세마라자는 그들을 위해, 다시 그 정수(精髓)를 『**프라탸비갸 흐리다얌**』으로 간추렸다.

『**프라탸비갸 흐리다얌**』은 20절이 전부인 <아주 작은 책>이다. 그러나 그 깊이는 무저갱(無底坑)에 이르고, 그 높이는 저 **히말라야**의 최고봉(最高峰)에 이른다.

혹 "히말라야"가 무슨 뜻인지 아는가?

<히마[눈(雪)] + 알라야[집, 거처]>다. <눈이 쌓여 있는 곳>, <눈의 저장소(貯藏所)>를 말한다.
냉장고(冷藏庫)가 아닌 설장고(雪藏庫)?

알라야는, 잘 아는 대로, <알라야식(識)[아뢰야식(阿賴耶識)]>, <장식(藏識)>으로, 불교의 유식론에서 나온다.
이것은 아마도 - 우리가 잘 모르는 것이므로 - 심층심리학의 무의식(無意識)에 해당될 것이다.

냉장고는 용량도 중요하지만, 무엇보다 그 성능(性能)이 우선이다.
<알라야식(識)>이라는 우리의 무의식도 성능이 중요하다. 우리에게 주는 영향(影響)과 기능(技能)을 <아는 것>이 중요하다! 무의식의 의식화……

하여튼 우리는 프라탸비갸 즉 재인식(再認識)을 이해하기 위해,
우선 <인식(認識)[인지, 지식, "안다"는 현상]이 무엇인지, 어떤 것인지>,
그리고 <누가, 무엇이 인식[의식]하는지>를 [어렴풋이라도] 이해해야 한다!

그러니 그 <예비지식>이 길어질 수밖에 없다.
마냥 혜량(惠諒) 있으시길……

❂

잘 아는 대로, <동양 철학> 특히 <[인도의] 영성 철학>에서는 **<그렇게 아는 것>은 곧 <그렇게 사는 것>을 말한다.** [그렇지 않으면, 차라리 모르는 것이 더 낫다.]

<그렇게 말하고, 그렇게 주장하는 것>은 <자신의 앎, 지식>에서 나와야 하고,
그런 <앎, 지식>은 그의 <삶과 경험>에서 나와야 한다.
그렇지 않다면, 이 모든 것은 그냥 <철학, 이론의 쓰레기> 내지 <말장난>일 뿐이다.

보혜사(保惠師) 곧 성령(聖靈) 그가
너희에게 모든 것을 가르치고
내가 말한 모든 것을 생각나게 하리라

바우치 서재(書齋)에서.

제 1 장

세계 종교(宗敎)의 이해

세계 종교의 이해(理解)……

너무 막연할지도 모른다. 그래서 수많은 책으로,
아니면 거기에 입교(入敎)하여 접근할 수도 있다.

인도에는 <삼억 삼천의 신(神)이 있다>고 한다.
그러므로 <종교의 숫자>도 그럴지도 모른다.

그러나 **나의 이** <삶>이라는 종교(宗敎)……
한번 진지하게 생각해 보라.
이보다 더 <가깝고 확실한 종교>가 있는가?

먼저, 필자의 **꿈** 하나를 소개한다.

"어떤 교실(敎室)에서 나는 스케치북에 물감으로 수채화(水彩畵)를 그렸다.

나는 <어떤 것[주제가 되는 대상(對象)]>을 먼저 그렸고, 나중에 <배경(背景)[바탕]>을 칠했으므로 – 예를 들어, 나뭇가지 사이는 – **배경이 <말끔하게> 잘 나타내지지 않았다.**

여(女)선생님은 내가 그림에 소질(素質)이 있다고 말했다. 그리고는 나를 한쪽으로 데리고 가서, 몸소 시범(示範)을 보이며, 큰 그릇에 **바탕색깔**의 물감을 풀어서 [먼저] 그 물에 <깨끗한 도화지를 푹 잠기게 하여 적시거나>, 아니면 <큰 붓을 적셔서 칠하면> <전체적으로> 혹은 <부분적으로> **바탕색깔을 곱고 연(軟)하게 잘 낼 수 있다고** 말씀하셨다."

[나는 어린이, 여선생님은 유치원선생님, 그리고 그 스케치북은 <꿈을 그리는 것(곳)>이라는 생각이 들었다.]

☯

종교(宗敎)가 무엇인가?

"호모 렐리기오수스[종교적 인간]" 등등 많은 것으로 종교를 말할 수 있을 것이다.

나는 종교(宗敎)를 <으뜸(마루) **종**(宗)> <가르칠 **교**(敎)>의 뜻으로 푼다.
<가장 근원(根源) 되는 것에 대한 가르침>, 혹은 **<가장 바탕이 되는 것에 대해, 가장 먼저 배워야 하는 것>**이 [참] 종교라고 생각한다.

<모든 대상[사물과 생각, 느낌]이 존재하는 곳> - 예를 들어, <하늘같은 것(곳)>에 대해서 배우거나 알아야 하는 것이 종교일 것이다.

<바탕[스케치북]>이 있어야 <그림[대상]>이 있고,
<하늘[텅 빈 것]>이 있어야 <구름과 별>이 있고,
<의식[존재]>이 있어야 <생각>이 떠오른다.

바탕이 먼저다. 존재가 먼저다. <존재>가 있어야 <행위>가 있고, 행위가 있어야 <소유>할 수도 있을 것이다.

종교의 원형은 **힌두교와 유대교**이다.

잘 아는 대로, 유대교에서 기독교와 **이슬람교가** 나왔다.

기독교는 동방교회[정교회]와 서방교회[**가톨릭**]로 갈라졌다. **가톨릭**에서 개신교가 종교개혁으로 다시 갈라져 나왔다.

이슬람은 <복종(服從)>의 뜻으로, 그들은 구약의 **아브라함**의 자손들이다.

이들은 모두 유대교[히브리 성경]에서 나온 것들이다.

그리고 **힌두교**에서 불교가 나왔다는 것은 누구나 아는 일이지만, <불교의 가르침 속에는 **힌두교**의 것이 들어 있다>[아니면 **힌두교**의 가르침 속에는 불교의 영향이 있다]는 것은 <많이들 못 느끼는> 것 같다.

우리 한국인의 경우, <불교는 잘 안다(?)>고 생각하지만, <**힌두교**는 잘 모르기> 때문이다. 그리고 우리의 이해(理解)라는 것은 대개 오해(誤解) 내지 곡해(曲解)인 경우가 많다.

하여튼 <인도 불교>는 제 2 장 인도의 영성 철학에서 다루고, <동아시아 불교>인 선불교(禪佛敎)는 여기서는 따로 다루지 않는다. [<동아시아 불교>가 선불교(禪佛敎)만을 의미하지는 않겠지만……]

또 여기 **힌두교** 편(篇)에서는 그저 **힌두**교의 그 겉옷(?) 한 자락, 한 올을 다룰 뿐이다.

유교(儒敎)는 - 신유학(新儒學)을 포함하더라도 - 필자에게는 아무래도 <썩 내키지 않은 무엇>이다. 몇 문장을 (옮겨) 적는 것으로 <잘 아는 척하고> 넘어간다.

[유교(儒敎) 부분은 『경전으로 본 세계 종교』에서 <나름> 간추렸다.]

도교(道敎)는 <도가(道家) 사상을 중심으로> 약간만 다룬다. 잘 아는 대로, 동아시아 불교(佛敎)의 선(禪)이 노장(老莊)과 맞닿아 있기 때문이다.

[도덕경(道德經)은 <개인적으로> 필자와 인연이 있는 책이다. 그러나 이쪽의 책은 아주 많으므로 약간만 다룬다.]

1. 유대교와 기독교(基督敎)

유대교와 기독교의 영성은 그동안 필자의 다른 책에서 <나름대로> 다루었다고 생각하여, 여기서는 <"여호와"라는 이름을 중심으로> **궁극의 실재**를 약간 다루고자 한다.

구약성서와 유대교의 신(神)인 "야훼(여호와)"는 신약에서는 사라졌다. 그리고 기독교와 신약에서는 "예수"가 그 자리를 차지했다.

어떤 이들은 구약의 **여호와**는 옛날, 중동(中東)의 <한 부족의 신>일 뿐이라며 비하(卑下)한다. 그리고 서양 (경제) 선진국의 <많은 사람들이 믿고 있다는> 기독교의 **예수**를 높이 평가한다.

[기독교도들에게 **예수**가 <하나님의 아들>인 것은 확실하고 익숙한 말이지만, 그가 <여호와 하나님의 아들>이라고 한다면 아무래도 어색(語塞)한 말이 될 것이다. <여호와의 아들>이라……

그러나 우리말 성경의 창세기(創世記)도, 선지자 엘리야도 <여호와 하나님>이라고 부른다.]

☯

구약의 여호와는 <용도 폐기> 되었는가?

여호와는 <구약의 신>일 뿐이고, **신약에서는 그 이름을 아무리 찾아도 없다.**

혹시 <왜 그런지, 그 이유가 무엇인지> 생각해 본 적이 있는가?

여호와는 "야훼"의 <잘못(?)된 발음(發音)>이라는 설(說)도 있어서, <우리말 성경 중 어떤 것>은 야훼 라고 쓰고 있다.

[기독교도들은 <신(神)의 이름>을 빨리 확정해야 할 것이다. 야훼더러 여호와라며 다른 이름을 불러 놓고 지금까지 기도를 했으니, 그 기도를 잘 들어 주지 못했을지도 모른다.]

☯

<도마복음>에 이런 이야기가 있다.

예수께서 제자들에게 이르시되
나를 무엇에다 비(比)하려느뇨?

시몬 베드로가 대답하되
<의(義)로운 사자(使者)>로소이다.

마태가 대답하되
<지혜(智慧)를 사랑하는 랍비>로소이다.

도마가 대답하되
선생이시여, 나는 도저히 아뢸 수 없나이다.

예수께서 도마에게 이르시되
나는 네 선생이 아니로라.
너는 <내게서 솟아나는 샘물>로 취(醉)하였도다.

예수께서 도마를 따로 데리고 가사
<세 마디[three words]>를 이르시니라.

도마가 돌아오매, 그들이 묻되
저가 무어라 하셨느뇨?

도마가 대답하되
저가 내게 이르신 말씀 중 하나라도 이른다면
너희는 돌을 들어 나를 칠 것이요,
그러면 그 돌에서 불이 나와, 너희를 사르리라.

　언뜻 달마(達磨) 대사로부터 인가(認可)를 받는
혜가(慧可)의 모습이 떠오른다.
　단지 혜가는 절을 한 후 <침묵(沈黙) 그 자체>를

보였다면, **도마는** <침묵을 가리키는 **말**>을 **했다**는 것이 차이다.

<현재 기독교의 경전>으로 채택된 마태복음에는 "주는 그리스도시요 <살아 계신 하나님의 아들>이시니이다."라는 시몬 베드로의 고백을 [다듬어] 싣고 있어, 그것을 <예수의 정체성(正體性)>에 대한 기독교도들의 정설(定說)로 받아들인다.

마태복음은 베드로[Πετρος]라는 반석(磐石) 위에 <그리스도의 교회>가 세워지고, 또 **<천국 열쇠>도 베드로가 갖고 있다**고 주장한다.

[위 도마복음에서의 <베드로와 마태의 대답>과 비교해보면 아주 흥미롭다.]

그러나……

그러나 <영성(靈性) 속으로 약간만 깊이 들어가 본 사람>은 다 안다. <그것[신(神) 혹은 **그리스도의** 정체성에 대한 고백(告白)]>이 아무리 잘 정돈되고 다듬어진 문장(文章)이라고 할지라도……

오죽했으면 인도(印度)의 영성은 <우파니샤드의 말은 **네티 네티**가 다였다>고 했을까……

[<부정의 용어>를 쓸 수밖에 없었던 불교(佛敎)와 신비가(神秘家)들의 사정(事情) 말이다.]

예수가 도마를 따로 데리고 가서, 비밀스럽게 한
<세 마디 말[three words]>은 무엇이었을까?

아무래도 <예수 자신[과 도마]의 정체성>에 관한
언급이었을 것이다.

그것이 어떤 악독(惡毒)한 <신성 모독(神聖冒瀆)>
이었길래, 도마가 그중 하나라도 이른다면 <**예수의
제자라는 사람들**>도 돌을 들어 도마를 칠 것이라고
했을까?

또 <도마를 친 돌[혹은 **바위**]>에서 불이 나와,
<친 사람>을 사른다는 것은 무슨 말인가?

예수의 그 <세 마디 말>은 도대체 무엇인가?

우리가 잘 아는 십계명(十誡命)은 <**나마-루파**>
즉 우리가 **<이름과 형상>에 매이지 말 것**을 간곡히
타이른다. <**나[참나]**>는 <몸>이라는 <형상(形像)>도
아니고, <이름[명칭]>을 다루는 <마음>도 아니다.

[필자의 **"몸과 마음을 보라"**를 참고하라.]

하여튼 그 <**나[하나님]**>는 말한다.

너를 위하여 우상(偶像)을 만들지 말고
<위로 하늘에 있는 것>이나
<아래로 땅에 있는 것>이나
<땅 아래 물 속에 있는 것>의

어떤 <형상(形像) [이미지]>도 만들지 말며
그것들에게 절하지 말며
그것들을 섬기지 말라.

너는 <여호와의 이름>을 망령되게 부르지 말라.
여호와는 <그의 이름>을 망령되게 부르는 자를
"죄(罪) 없다" 하지 아니하리라.

　　<망령(妄靈)되게>의 뜻은 "mis-use[오용(誤用),
남용(濫用)]", "in vain[무익(無益)하게, **헛되게**]"의
의미다.
　　그리고 죄인(罪人)이 <하나님 나라>에 들어갈 수
없다는 것은 너무나 잘 아는 것이고……

　　나마-루파[<이름과 형상>]에 매이지 말라는 것은
- 인도의 영성에서든, 히브리 성경이든 동서양이
따로 없다. - 우리나라 불교의 소의경전(所依經典)
이라는 금강경(金剛經)에도 아주 강조하는 것이다.

若以色見我 (약이색견아)　　나를 **형상**으로 보거나
以音聲求我 (이음성구아)　　나를 **이름**으로 찾으면
是人行邪道 (시인행사도)　　잘못된 길에 빠졌으니
不能見如來 (불능견여래)　　참나를 보지 못하리라

잘 아는 대로, 아람어 "예수[ישוע]"는 히브리어
"여호수아[יהושוע]"와 같은 말로,
여호수아는 "יהושע[YHWH-ysha]"에서 왔으며,
"여호와는 구원(救援)이시다."라는 뜻이다.

그리스어(語)에서는 이 이름[ישוע]이 정확히 표기
될 수 없(었)다. "sh[ש]" 음(音)이 없기 때문이다.
잘 아는 대로, <현재 우리가 갖고 있는 구약의
히브리어 성경>은 오히려 <그리스어로 되어 있던
것[Septuagint, 70인역(人譯)]>을 참고로 하여 이루
어진 것이다.

[그 옛날, 히브리어에서 그리스어로 번역한 저
<70인역>에 얽힌 이야기 하나.
이스라엘 각 지파에서 6명씩 <72명(名)을 택해,
(한 섬의) 72방(房)[공간]에서, 72일(日)[시간]만에>
율법서(律法書)[토라]를 번역했다고 전한다. 그래서
<70인역>이라고 부른다. "72 × 3 = 216"]

아무튼, 여호수아가 곧 예수다.
<구약의 "여호와">는 <신약의 "예수"라는 이름
속에 - <여호와[야훼]가 (곧) 구원(救援)>이라며 -
지금도 <시퍼렇게> 살아 있다!
실제로 <그>가 곧 <그>이기 때문이다.

여호와 혹은 야훼가 도대체 무엇인가?

그리고 예수가 도마에게 비전(秘傳)의 방법으로 속삭였다는 그 <세 마디> 말은 무엇이었겠는가?
<그것을 아는 일>은 어떤 의미에서는 어렵지만, 그렇게 어려운 것도 아니다.

"אהיה אשר אהיה"
"에흐예 아쉐르 에흐예"
"<나>는 곧 <나>다."

그것이 예수가 도마에게 속삭였던 말이었고, 또 예수의 주체성[Identity]이었다.
[이와 비슷한 것은 신구약의 곳곳에서 나온다. "내가 곧 그니라" "나 곧 내가 그인 줄 알라"]

<나>는 <나>일뿐이지, <다른 어떤 것>도 아니다. <나>는 - 실재(實在) 혹은 <있는 [이] 무엇>은 - 하늘이나 땅에 있는 그 어떤 형상(形像)도 아니고, 우리가 흔히 헛되게 부르는 그 어떤 명칭(名稱)도 아니다. 즉 <나>는 <몸[형상]>도 <마음[이름, 명칭, 생각]>도 아니다.
[그것을 괴테는 『파우스트』에서 이렇게 외친다. "거짓된 <형상>과 <말>이여!"]

그것이 또 히브리인들이 <**열 마디[데카로그]**>를 돌 판에 새기면서 앞쪽에 새긴 내용의 전부였다. 도마복음은 이제 그것을 <**세 마디**>로 압축했다.

[선가(禪家)에서는 <**한 마디**[일전어(一轉語)]>라는 말이 있다.]

❂

구약에서 <**젖과 꿀이 흐르는 땅**>을 <아브라함의 자손[이삭]>에게 주겠다고 한 <여호와의 이야기>는, <이스라엘 지파[자손]>에게 <그 땅>을 **제비뽑아** 분배(分配)하고 안식(安息)을 주었다는 <여호수아의 이야기>에서 일단 끝난다.

[<젖과 꿀이 흐르는 땅> 이야기와 <아브라함의 자손[**씨**]> 이야기는 필자의 『**소와 참나 이야기**』를 참고하기 바란다.]

그 후 <**그 땅, 그 영역이 과연 어떤 것인가**>는 <다윗의 자손>인 솔로몬[<샬롬, 평화>에서 유래]이 파고들어 그것이 "지혜(智慧)"인 것을 알린다.

[그를 <지혜의 왕>이라고 하며, 그의 작품으로는 잠언(箴言), 전도서(傳道書), 그리고 우리가 잘 아는 <아가(雅歌)[사랑의 노래]>가 있다.

이삭과 여호수아, 솔로몬은 예수의 그림자다.]

그다음 신약에 와서, 잘 아는 대로, 예수에게서 "우리는 은혜(恩惠)와 진리(眞理)가 충만(充滿)한 것을 본다."
　즉 <좌우 뇌(腦)의 활성(活性)[완성]>을 보게 되는 것이다.

　[참고로, 몇 마디 덧붙이면

　요한복음에서는 좌뇌가 진리(眞理) 쪽이면 우뇌는 은혜(恩惠) 쪽이고, 종교별로 보면 좌뇌가 불교에 가깝다면 우뇌는 기독교에 가깝다고 할 수 있다.

　잘 알다시피, 불교는 <인간 심리(心理)>와 <이해(理解)[깨달음]>를 아주 깊이 다룬다. 그것이 불교의 맛이기도 하다. "갸나 요가"라고 한다.
　반면, 기독교는 우뇌적이다. <따지는 것>은 싫다. 오직 <믿음 즉 은혜>이다. "박티 요가"라고 한다. 그러니 좌뇌적인 불교의 시각에서 본다면……

　<이성(理性)과 논리가 우세한 **남(男)**>과 <느낌과 감성(感性)이 우세한 **여(女)**>는, **아마 영원히 "다를" 것이다.** 그러나 가끔 합일(合一)도 일어난다.]

2. 이슬람교

"라 일라하 일라 알라[La ilaha illa Allah]"
"하나님 외에 (달리 다른) 하나님은 없다."

이슬람의 "알라"라는 말은, 우리말의 <하느님>
<하나님>, 영어의 <God>으로, 보통명사라고 한다.
꾸란의 하나님은 자신을 <나> 혹은 **<우리>**라고
말한다. [히브리 성경도 당연히 그렇다.]

"<나>는 하나님이니라.
<나> 외에 (달리) 하나님이 없느니라."

"그분은 <처음>이자 <끝>이며,
<드러나 있으며> <감추어져 있느니라.>"

"믿음이 확고한 자들을 위해
<땅 위에는
(하나님의 권능과 자비를 증거하는 온갖)
증적(證迹)들>이 있느니라.
그리고 (그것은) <너희 자신>에게도 있느니라.
너희는 (그것을 찾아)보지 않으려느냐?"

잘 아는 대로, **이슬람교의 정수(精髓)**는 수니파도 시아파도 아니다.

<이슬람의 영성>은 수피들에게 있다.

☯

만수르 할라즈……

여기 <제>가 있나이다.
제가 <당신>을 찾나이다.
아니, 당신이 저를 찾으셨나이다.

당신이 저에게 "나다." 하지 않으셨다면
어찌 제가 "당신입니다." 하였겠습니까?

<저의 "나"> 뒤에는
<영원(永遠)의 "나">가 있나이다.

<이슬람의 예수> - 나중 그의 손과 발을 잘리고 십자가형(十字架刑)을 받았던 - **만수르 할라즈**는 **<신성(神性)의 현존(現存)>에 압도당하여 혼잣말로 부르짖는다.**
[그가 <영적 체험>을 하는 모습이다. 그의 말을 따라가며 조금이라도 느껴봤으면……]

"수반 알라, 수반 알라!
 [주를 찬양, 주를 찬양!]

 당신께서 <여기> 계시나이다."

"알라후 악바르, 알라후 악바르!
 [신은 위대하시다, 신은 위대하시다!]"

"하클 라 일라하 일라일라,
 하클 라 일라하 일라일라!
 [하나님은 **실재(實在)**이다,
  하나님은 **실재(참나)**이다!]"

그리고 그는 스스로 무너져 내린다. '아, 이런!'

"아날 하크!
 [내가 (곧) **실재다.**]"

망연자실(茫然自失)한 그는 잠시 침묵(沈黙)……
그러나……

종교가 <신(神)의 초월성(超越性)>을 강조할 때,
<교권자(敎權者)들[지배층]에게는 그것이 좋을 것
이다.

26

그러나 <신의 내재성(內在性)>을 체험하고 <그 지식[경험]>을 나누려는 사람은 "십자가 짐 같은" <무거운 짐>을 질 수밖에 없다.

[……그래서 예수도 그렇게 충고한 것인가?]

❧

모든 이슬람교도는 고백한다.

"라 일라하 일라 알라[La ilaha illa Allah]
  하나님(알라) 외에 하나님 없다!"

<라 후 일라 후[그분 외에 그분 없다]>라는 말과 같다.

<하나님>이나 <알라>, <그분>은 잘 아는 대로 모두 삼인칭(三人稱)이다.

수피 수라와르디는 말한다.

"<신(神)에 대한 사랑에 사로잡힌 이>에게 신은 당신[이인칭(二人稱)]이다. 그래서 그들은 말한다.

<라 안타 일라 안타[당신 외에 당신 없다].>

그러나 <신성한 사랑 안에서 자신이 실종(失踪)된 자>는 자기 내면에서 신을 보므로 이렇게 말한다.

<라 아나 일라 아나[**나 외에 나 없다**]!>"

☯

수피 루미는 말한다.

"<아날 하크> 즉 <**내가 하나님이다**>를 <건방진[신성 모독의] 말>이라고 하는데,
　<진짜 건방진[신성 모독의] 말>은 <아날 아브드> 즉 <**나는 하나님의 종이다**>라는 말이다.
　<아날 하크>는 내면에서 <자신[에고]>이 완전히 사라진 사람의 말이지만,
　<아날 아브드>를 말하는 사람은 <자기[에고]>와 <하나님>, 둘이 엄연히 있는 사람이다."

수피 이븐 아라비는 말한다.

"누가 '내가 하나님이다.'고 하거든
　그의 말에 귀를 기울여라.
　'내가 하나님이다.'고 하는 사람은
　<종[노예]>이 아니라 <하나님>이기 때문이다.

그 사람이 경험한 것을 경험한다면
그의 말을 이해할 것이다.

실재(實在) 안에는 분열도 통합도 없다.
나눠지지 않았는데 어떻게 통합이 있겠는가?
이슬람의 선언(宣言) <라 일라하 일랄라>는
<하나인 모두[전체성(全體性)]>라는 뜻이다.

실재(實在)이신 분은
<그분 자신의 모습으로> 우주를 있게 했다.
우주(宇宙)는
그 안에서 그분 자신의 모습을 보는 거울이다."

루미는 말한다.

"거울[세상]에서 추한 얼굴을 본다면
그것은 <나의 얼굴>이요
거울에서 예수와 마리아를 본다면
그것도 <나의 얼굴>이다."

☯

끝으로 유명한 여성(女性) 수피 라비아의 일화를
소개하는 것으로 이슬람의 영성을 대신한다.

라비아가 거리를 걷고 있었다. 그 거리는 [지금도 그렇겠지만] <남자들의 세계>였다.

[이슬람 세계는 흔히 <종교적>이라고 말하지만, 실제로는, 옛날부터 <좌뇌적(左腦的)인 것들이 아주 발달한 사회>였다. 그것이 **아라비아** 숫자(數字)가 그곳에서 정착되고 퍼져나간 이유다.

필자에게 **<종교>는 <좌뇌>와 <우뇌>가 동시에 완전히 활성화(活性化)된 상태**를 말한다.]

라비아는 하산이 모스크 앞에 서서 하늘을 향해 두 팔을 벌리고 [<하나님의 나라>가 임(臨)할 것을 바라며] 신(神)께서 그에게 <하늘의 문(門)>을 열어 주시기를 기도하고 있었다.

라비아는 하산 쪽으로 조용히 걸어가서, 뒤에서, 기도하는 하산의 머리를 쳤다.

그런 일을 당한 하산은 어이가 없고, 믿을 수가 없었다. '모스크 앞에서, 경건하게 신에게 기도하고 있는 사람의 머리를 치다니……'

<기도의 말>을 급히 마무리하고, 뒤를 돌아보니, 라비아가 서 있었다.

"뭐요? 기도하는 사람을 방해하다니……"

라비아가 말했다.

"바보 같은 양반! <문을 열어 달라>고 기도하는 모양인데, **누가 그 문의 열쇠를 갖고서 잠그기라도 했나요!**

<잠그지도 않은 문>을 누가 열어주겠습니까? 그 문(門)은 닫은 사람도 없고 열어줄 사람도 없어요. 그냥 들어가요!"

[아마도 대도무문(大道無門)이 더 정확한 표현일 것이다. 문이 있다면, 그것은 "대도(大道)"가 아닐 것이다. **하늘**은 더더욱 아니고. 잘 생각해보라.]

3. 유교(儒敎)와 도교(道敎)

<유교(儒敎)>

삼황오제(三皇五帝)의 **<신화(神話) 시대>**를 지나, **<문자(文字) 시대>**가 되면서 <동(東)아시아 땅>은 동쪽의 흑도(黑陶)와 서쪽의 채도(彩陶) 문화권으로 발달하였다고 한다.

한반도를 포함하는 동쪽 <동이(東夷) 문화권>은 <종교성(宗敎性)이 강하여> 하늘을 숭상하며, 소박하고 합일성(合一性)을 추구하였다. 이런 특성을 한마디로 <인(仁)의 문화>라고 할 수 있다.

"인(仁)"은 원래 동이족(東夷族)을 가리키는 고유명사였다고 한다.

<마음은 하늘, 몸은 땅>이라는 전통적 사고에서 보면, <동이족이 하늘을 숭상한다>는 것은 마음을 중시하고 <정신성(精神性)이 강하다>는 것을 의미할 것이다.

반면, 몸을 중시하는 서쪽 문화권은 나와 남을 구별하게 되므로, 주체성과 책임의식이 발달하였다.

이를 <지(知)의 문화>라고 할 수 있다.

이 <지(知)의 문화>와 <인(仁)의 문화>가 조화를 이루는 것이 중용(中庸)이다.

이 중용을 최초로 주창(主唱)한 이들이 요(堯)와 순(舜)이다. **<지(知)의 문화권>의 요(堯)가 동이권의 순(舜)에게 자리를 물려주고, 순(舜)은 다시 <지(知) 문화권>의 우(禹)에게 자리를 물려주었다.** 이때를 <황금의 시대> 즉 <요순(堯舜) 시대>라고 한다.

그러나 <지 문화권>의 우(禹)는 동이족에게 선위(禪位)하지 않고, 자기 아들에게 물려주고 말았으니 여기서부터 비극(悲劇)이 시작되었다.

동이족의 탕(湯)이 <우(禹)가 세운 하(夏) 나라를 멸하고> 은(殷)을 세우고, 또 서쪽의 무왕(武王)이 나타나 은(殷)을 부수고 주(周)를 세웠다.

이렇게 하(夏), 은(殷), 주(周)의 시대를 겪으면서 춘추전국시대(春秋戰國時代)가 전개된다.

[마치 인간 <두뇌(頭腦)의 성장>을 보는 것 같다. 좌뇌(左腦)와 우뇌(右腦)의 성장과 발달 말이다.

그것을 다른 말로 <음(陰)과 양(陽)>이니 <은혜와 진리>니, <여성의 뇌와 남성의 뇌> 등등으로 부를 수도 있다.]

동이족이 세운 은(殷)에서는 <제(帝)> 혹은 <상제(上帝)>가 <신(神)[하느님]>이었다면, 주(周)에서는 <천(天)>으로 바뀌게 된다.

[<같은 용어[표어(標語), 구호(口號)]>를 쓸 수는 없다! 그리고 **모든** <정치와 **종교(宗敎)의 역사**>가 그런 것 아니던가?]

그리고 **천(天)은 <천명(天命) 사상>으로 바뀐다!**

<종교적인 대상[직관(直觀)이나 침묵의 무엇]>이 <정치적인 차원[생각, 사상, 철학]>으로 그 이해가 <바뀌게[하강(下降)하게]> 된다는 것이다. 이것은 아주 중요한 것이다.

<상제(上帝)[하느님]>가 <천(天)>으로 바뀌더니, <천명(天命)>으로, <성(性)>, <인의예지(仁義禮智)>, <사단(四端)>으로 전개된 것이다.

천(天)이 **<궁극의 실재>**라면, <명(命)>은 <하늘의 움직임[작용(作用)]>을 말한다.

<하늘의 움직임>에 의해 생명체가 생겨나면 그 생명체에는 <하늘의 움직임[천의 작용]>이 깃들게 되는데, 그것을 <성(性)>이라고 한다.

중용(中庸)은 말한다.

"<하늘>이 명(命)한 것을 <성(性)>이라고 하고, <성(性)을 따르는 것>을 <도(道)>라 하고, <도(道)를 닦는 것>을 <교(敎)>라고 한다."

성(性)은 <모든 생명체의 본질(本質)>을 말한다. 성(性)은 <심(心) + 생(生)>으로, 즉 <본유(本有)의 마음>이다. <생(生)의 의지(意志)>라고 볼 수 있다.

성(性)을 인간에 국한할 때 <인(仁)>이라고 하고, 만물에 확대할 때 <이(理)>라고 한다.

[<기(氣)>는 단지 <물질적 차원의 세계>로 그다지 논의된 것이 아니었다.]

<유교적 사고(思考) 체계>에 의하면,

<인간의 몸>은 하늘이 음양오행(陰陽五行)이라는 재료로 만든 것으로 이해하지만,

<인간의 마음>은 <하늘> 그 자체이다.

[그래서 **인심(人心)이 곧 천심(天心)인 모양이다!**

우리나라 고유 종교라고 부르는 천도교(天道敎)의 **인내천(人乃天)**과 **천인합일(天人合一)**은 아마 이런 의미일 것이다.

나라[조선(朝鮮) 말(末)]는 기울어가고……

혹 어디에도 **<발붙일 곳 없는 설움>**을 아는가?

현대를 사는 우리가 경험할 수 있는 것이라면 <내 집[직장(職場)] 없는 설움>에 비길까……

기독교적으로 말하자면, <내가 가장 믿고 있었던 존재> 즉 <**"아버지"** 하나님>으로부터 버림받은 그 느낌을……
그것이 "엘리 엘리 라마 사박다니." 그렇게 울부짖었던 한 영혼의 느낌이었다.

밀려오는 <서양 문물(文物)이라는 거대한 힘>을 향하여 동학(東學)이라는 이름으로 <**중심(中心)**> 즉 **"한울님"**을 찾으려는 그 노력(努力)이, 필자에게는, 눈물겨운 것이다.
<요즘 우리네 상황(?)>과 다른 게 무엇인가?

각설(却說)하고,]

<정신적 존재>로서의 인간은 이미 <하늘>과 하나이므로, 삶과 죽음, 시작과 끝이라고 하는 한계성이 없다! 하늘이 영원한 존재이기 때문이다.
이것이 유교(儒敎)가 우리에게 던지는 메시지인 것 같다.

[서양의 <정신(精神)-심리학(心理學) 분야>에서는 <세 번의 혁명적(革命的) 사건>이 있었는데,

1) 갈릴레이의 지동설(地動說)과
2) 다윈의 <인간(의 몸)은 동물이다>
3) 프로이트의 **<(인간의) 마음도 동물이다>**
라고 배운 것을 지금도 기억한다.

물론, <그것을 나름 어떻게 해석(解釋)하느냐>는 다른 문제이다.]

☯

한편, (필자가 늘 궁금해 하는, 바로 이전 세대인) <한반도(韓半島)의 성리학(性理學)>에서는

1) <하늘>과 하나인 <인간의 본래 모습>을 회복하기 위한 <수양(修養) 철학>이 발달하였고,

2) <이 지상(地上)을 본래 모습>으로 만들기 위한 <지치주의(至治主義) 운동>이 전개되었으며,

3) 또 <하늘처럼> 초연하게 모든 것을 융합하는 <초탈 원융(超脫圓融) 철학>이 생겨났다고 한다.

<수양(修養) 철학>은 이언적(李彦迪)을 거쳐 퇴계(退溪) 이황(李滉)에서 완성되었다고 하고,

<지치주의(至治主義) 운동>은 조광조(趙光祖)가 시도하고 율곡(栗谷) 이이(李珥)에서 이론적 완성을 보았다고 하며,

<초탈 원융(超脫圓融) 철학>은 서경덕(徐敬德), 김시습(金時習)을 거쳐 남명(南冥) 조식(曺植)으로 발전하였다고 한다.

<종교적 성격이 강한> 한국의 성리학은 <서양의 과학 정신(科學精神)>을 원만하게 수용하지 못한 대신, 기독교(基督敎)를 담는 그릇의 역할을 했다고 볼 수 있다.

[그러나, 남명 조식 선생의 <신명사도(神明舍圖)> 즉 <마음의 집 그림>의 설명을 나름 읽어보지만 "경(敬)" 등의 한자어(漢字語)에서부터 막히는 것은 필자로서는, 어쩔 수 없다. 어디, 이 답답한 속을 시원하게 해줄 그런 책이 없나?]

☯

<도교(道教)>

장자(莊子)는 <인간세(人間世)[인간이 사는 세상]> 편(篇)에서 <너그럽게> 공자(孔子)와 안회(顏回)를 등장시켜 다음과 같이 말한다.

안회가 말했다.
"심재(心齋)를 수행하여 <제 자신이 더 이상 존재하지 않는 상태>, 그것을 <텅 빈 것[허(虛)]>이라고 하는 것입니까?"

공자가 말했다.
"바로 그렇다. 네가 이 <새장[세상]>에서 노닐 때, **이름** 같은 데 영향을 받아서는 안 된다. 문도 없고 나갈 구멍도 없거든 <하나>로 집을 삼아라.

<앎이 있어 안다>는 말은 들어보았겠지만, <**앎이 없이 안다**>는 말은 들어보았는가?

瞻彼闋者(첨피결자) <텅 빈 것> 보라!
虛室生白(허실생백) <텅 빈 것>이 내뿜는 빛.
吉祥止止(길상지지) **행복은 고요에 머무는 것!**
夫且不止(부차불지) **머물지 못함을**
是謂坐馳(시위좌치) **좌치라 하느니."**

나름 풀어보면, <텅 빈 것>은 공(空)[순야]을 말할 것이다. 카시미르 쉐이비즘 용어로는 프라카샤. <생각의 구름> 한 점 없는 <텅 빈 [**의식**의] 하늘>말이다.

<텅 빈 것>이 **내뿜는 빛**은 그 유명한 회광반조(回光返照)와 어울릴 것이다.

길상(吉祥)은 **아난다**로 지복을,

고요는 당연히 심재(心齋) 즉 <마음 굶김>으로 오는 <구름이 없는 하늘>, <침묵>, <명상 상태>를 말할 것이고……

좌치(坐馳)는 <몸>은 여기 앉아 있는데, <마음>즉 <생각>은 원숭이처럼 이리저리 <말을 달리는 것>을 말한다.

<앎이 있어 안다>는 말은 앎 즉 <지식, 생각>이 있어 <안다> 즉 <생각이 있다>[비칼파]의 뜻으로,

<앎이 없이 안다>는 말은 앎 즉 <생각>이 없는 상태[니르비칼파]를 <안다[즉 경험한다]>는 뜻으로 읽는다.

☯

그런 사람의 <마음[**의식**] 상태>는……

장자는 말한다.

至人心若鏡(지인심약경)
不將不迎(불장불영)
應而不藏(응이불장)

**지인의 마음은 거울과 같아
보내지도 않고 맞지도 않으며
그냥 응하지 쌓아두지 않노라.**

장자의 이 <거울 같은 마음>은 - 마음을 거울에
비유(譬喩)한 것은 - 동아시아의 선불교(禪佛敎)로
이어진다. 물론 **업그레이드**(?)되어……
잘 아는 대로, 혜능(慧能)의 데뷔 시(詩)가 그런
것이고, 또 마조(馬祖)를 일깨운 <기왓장 거울>도
우리는 잊을 수 없다.

☯

도교를 우리가 잘 아는 고상한 <노장 사상>과는
별개로, 무슨 <미신(迷信) 같은> **저급한 것으로만
여기는 것은 아주 부당(不當)한 일이다!!**

41

『태을금화종지(太乙金華宗旨)』에서 조사(祖師) 여동빈(呂洞賓)은 이런 노래[권세가(勸世歌)]로 우리를 손짓한다.

世尊亦爲大因緣(세존역위대인연)
直指生死眞可惜(직지생사진가석)
老君也患有吾身(노군야환유오신)
傳示谷神人不識(전시곡신인불식)

붓다도 인연 따라   생사를 일렀건만
참으로 애석타   깨달은 자 몇인가
노자도 우리 위해   곡신을 말했건만
사람들은 알지 못해 어둠을 헤매누나.

吾今略說尋眞路(오금약설심진로)
黃中通理載大易(황중통리재대역)
如何人道合天心(여하인도합천심)
天若符兮道自合(천약부혜도자합)

나 이제 간추려   진리의 길 밝히노니
한 가운데 통하는   변화가 그것이라
어찌하면 사람이   저 하늘과 합할까
은총이 내린다면   그 길은 절로이라

坐者 心不動也(좌자 심부동야)

앉아 있다는 것은   생각이 멈추는 것.

나름 <풀어> 보탠다.

여기서 **붓다**의 생사란 <생각의 기멸(起滅)>이다.
생각의 기멸이 없으면 생사라는 것도 없다. 그래서
선진(先進)들은 말한다. 일념불생(一念不生) 즉 <단
한 생각도 일어나지 않는 것>이 근본 자리라고.

노자의 <골짜기 신[곡신(谷神)]>은 우리가 익히
아는 것이고,
<한 가운데로 통(通)하는 변화(變化)>는 필자의
의역(意譯)으로……

<빛을 돌려 되비춘다>는 - 그 유명한, 도교의 -
회광반조(回光返照)가 도대체 무엇인가?

태을금화종지는 말한다.

不照何以見(불조하이견)
回光不以目而以心(회광불이목이이심)
心卽是目(심즉시목)

久久神凝(구구신응)
方見心目朗(방견심목랑)
不證者難言此(불증자난언차)

비추지 않으면 어떻게 보겠는가?
빛을 돌리는 것은 눈이 아닌 마음이라.
＜마음＞이 곧 ＜눈＞이라.

꾸준하게 내면에 집중(集中)한다면
마음을 볼 수 있고 눈은 밝아지리라.
＜겪지 못한 이＞에게 말하기 어렵구나.

☯

이제 앉아서, 심호흡(深呼吸)을 몇 번 한 후……
감각의 문을 닫아라. 그리고 **몸과 마음을 보라.**

"＜앉아 있다는 것＞은 ＜생각이 멈추는 것＞"

이것은 요가 수트라의 "칫타 브릿티 니로다"와
무엇이 다른가?
우리의 ＜모든 수행[요가]의 목표＞는 그것을 위한
것이고, 우리의 ＜영적 경험＞이라는 것도 그것 외에
무엇이겠는가?

<몸은 여기 앉아 있으면서도 생각이 멈추지 않고 이리저리로 달리는 것>을 **좌치**(坐馳)라 하고,

<생각이 멈추는 것>을 **좌망**(坐忘)이라고 한다.

이 좌망이 곧 **좌선**(坐禪)으로, 좌선은 우리가 잘 아는 대로, 동아시아 선불교의 기본이다.

그러나 현대의 우리는 무엇이 그리 바쁜지 <앉아 있는 것> 즉 **아사나**[좌법(坐法)]조차도 제대로 못할 때가 많다.

　아사나는 프라나야마[호흡 조절]를
　프라나야마는 프라탸하라[감각 철수]를
　프라탸하라는 다라나[집중(集中)]를……

☯

회광반조(回光返照)……

그것은 카시미르 쉐이비즘의 용어로, "프라카샤-비마르샤 마야", 아니면 **쉬바 수트라**에서 말하는 <**쉬바의 상태**>인 "케차리", 또 아니면 바로 이 책 프라탸비갸 흐리다얌의 부제(副題)인 <**아는 자를 아는 일**>이 아니고 무엇이겠는가?

4. 힌두교

<안다>는 것이 무엇인가?

우리의 <안다>는 것은 <어떤 상태, 어떤 조건, 어떤 상황>을 말하는가?

잘 <아는> 대로, <안다>는 것이 성립하려면
(1) <**아는 자**[주체(主體)]>가 있어야 하고,
(2) <**알려지는 것**[대상(對象)]>이 있어야 한다.

이 둘을 이어주는 것을 (3) <**아는 일**>이라고 할 수 있다. 이 <아는 일>을 <앎>, <지식(知識)[인지, 인식]>이라고 하자.
[이렇게 분석(分析)했다고 해서, 이제 <안다>는 현상을 <안다>는 의미는 아닐지도 모른다.]

<앎> <지식>이 <**베다**[Veda]>라는 말의 의미다. **리그 베다**[Rig Veda] 등의 그 **베다** 말이다.

그러므로 인도(印度)의 지식(知識)은 곧 <**베다** 즉 지식[인지, 인식]>을 그 기초로 하고 있다.

<**신**(神)을 아는 것>이 곧 <**나**를 아는 것>이고, 그것이 [참] 지식(知識)[**베다**]이라는 것이다.

<**안다**>는 것은 <인지(認知)[perception]>, <인식 (認識)[cognition]>, <지식(知識)[knowledge]>을 말한다.

그런 것을 다루는 것이 인도의 인식론(認識論)과 논리학(論理學)이다.

☯

여기서 인도(印度)의 그 골치 아픈 <사유(思惟)의 세계>로 들어가기 전에 꼭 들러야 할 곳이 있다.
[그것을 모르고는 **힌두교**를 안다고 할 수 없다. 그리고 우리네 한국 사람의 입맛에도 맞으리라고 본다.
단지 <필자가 그것을 잘 소개하느냐>가 문제다. <**샤브샤브**[しやぶしやぶ]>와 비슷한데 입으로 먹는 것은 아니다.]

샤브다 브라흐만……

47

많이 들어본 소리지만, 실제는 그 맛을 모를지도 모른다. 아니면 늘 "먹고[접(接)하고]" 있었으면서도 잘 알아채지 못했을지도 모르고……

샤브다 브라흐만!
<모든 것>은 소리로 되어 있다!
[신(神)은, 진리는, 실재(實在)는 소리다!]

<소리>가 무엇인가?

우리는 소리를 안다고 생각한다. 그러나 우리는 어쩌면 소리를 모를지도 모른다.
우리는 무엇을 소리라고 하는가? ["필자 녀석이 지금 무슨 헛소리를 하고 있나?"]

태초에 침묵(沈黙)이 있었느니라.

아니면 **공(空)**이 있었다. 아니면 **어둠**이 있었다. 그다음 빛이 있었겠지……

태초(太初)에[베레쉬트]
땅이 혼돈(混沌)[토후]하고 공허(空虛)[보후]하며
흑암(黑暗)[호쉐크]이 깊음[테홈] 위에 있고

<어둠[흑암]>에서 빛이, <공허(空虛)[무(無)]>에서 유(有)가, 침묵에서 소리가 나왔겠지……

[잠깐, 지금 필자는 창조설이나 유출설(流出說) 등을 말하고 있는 것이 아니다.

단지 언어에서 그 반대어를 말하고 있을 뿐이다. 보지도 않은 것을 어떻게 주장할 수 있겠는가!]

그러나 <우리의 경험으로는> 빛은 광원이 있어야 하지만, 어둠은 그런 것 없이도 있을 수 있고,

<우리가 아는 바에 의하면> 소리는 떨림[진동], 마찰이 있어야 하지만, 침묵은 당연히 그런 것이 없는 것을 말한다.

<우리의 논리로는> 아무래도 무(無)가 유(有)보다 먼저인 것 같다.

아무리 생각해도, <고요한 밤[침묵]>이 먼저인 것 같다. 그 다음이 <거룩한 밤> 아니면 <분리된 낮[빛]>이나 어떤 소리가 있었겠지……

하나님이 <가라사대[와요메르]>
"빛이 있어라!" 하시매 빛이 있었고

와요메르의 아마르는 <말하다> <지시(指示)하다> <허락(許諾)하다>의 뜻이다.

잘 아는 대로,

허락(許諾)은 <고개를 꺼덕이는 것>으로 그것에 대한 동의(同意)와 승인(承認)을 나타내고,

지시(指示)는 <손가락으로 가리켜> 대상을 한정하는 것을,

<말>은 일단 <입으로 내는 소리>를 말한다.

하나님[신(神)]이 사용한 언어가 <몸짓 언어[Body language]>이든 <음성 언어[Verbal language]>든 <침묵 혹은 어둠>에서 <소리 혹은 빛>을 구별한 것만은 분명(分明)하다.

[<분명(分明)>이란 말 자체가 <나누고, 밝은 빛이 있어야> 함을 가리킨다.]

도대체 무슨 말을 하려고 하는가?

요약(要約)한다.

"<침묵> - <소리> - <말>"의 순서라는 것이다.

[그걸 누가 몰라? 물론 다 안다. 그러나 모를지도 모른다. <안다>는 것이 어떤 것인지를 잘 모른다면 말이다.]

약간의 복습(復習).

비갸나 바이라바는 말한다.

문자를 넘어 소리로, 느낌으로 가라.

<말>이 무엇인가?

사람들이 <그것[그 소리]>은 이런저런 것을 의미한다고 **동의(同意)한 소리다.** 그런 것을 확실하게 이해해야 한다. <말>은 소리다.

<생각>이 무엇인가?

<나열(羅列)된 말>이다. 논리적인 배열로, 특정한 유형[어법, 문법]으로 나열된 말이 생각이다.

그러므로 **<소리>가 기본이다.**
소리로써 <말(단어)>이 만들어지고,
말로써 <생각>이 만들어지고,
그다음 <생각>으로써 모든 <종교철학>, 세계관과 가치관이 만들어졌다.
그리고 우리 각자(各自)는 나름 그 어디쯤에 살고 있다. 이 방편은 그 역(逆)으로 가라고 한다.

나는 어디쯤에 머물고 있는가?

그리고 나는 <내가 서 있는 계단에서만> 떠날 수 있다. 어떻게 내가 서 있지도 않은 곳에서 떠날 수 있겠는가?

샤브다 브라흐만……

잘 관찰하면 실제로

**세계 전체는 <소리>로 가득 차 있고,
오로지 인간 세계만이 <말>로 가득 차 있다.**

음악은 <소리의 세계>다.
교성(嬌聲)도, 환호(歡呼)도, 신음(呻吟)도 당연히 <소리의 세계>다. 그리고 거기에는 어떤 <느낌>이 있다.

때로는 수십 수백 마디의 대사(臺詞)보다 한 마디 소리가 <우리의 깊은 곳>을 건드릴지도 모른다.
그것이 인도(印度)의 현인들이 <태초의 소리>를 찾아, 아니면 <최후의 소리>를 찾아, **옴**[ॐ]을 소리 내고, **마트리카**를 느끼려고 하고, 나아가 침묵을 찾는 이유다.

["소리"는 물리적으로는 진동(振動), 파동(波動)의 현상이지만, 영적(靈的)으로는 "스판다"이다.]

신(神)은 침묵(沈默)이다.
[아니면, <신의 언어>는 침묵이다.]

사실, <영성 수련의 책들>은 <우리가 그 침묵 속으로 들어가고자 하는 몸부림>에 지나지 않는다.

자, 이제 다시, 침묵도 아니고, 느낌도 아니고, 소리도 아닌, <말의 세계>로부터 시작하자.

제 2 장

인도 <영성 철학>의 대략

1. 냐야와 바이셰시카
2. 상키야와 요가
3. 미망사와 베단타
4. 불교(佛敎)와 자이나교

인도 <영성 철학>의 대략(大略)이라고는 했지만, 어떻게 그것을 몇 마디로 담아낼 수 있겠는가?

우리 시대에 이미 고전(古典)이 된
『인도철학사』(라다크리슈난)

불교의 <보다 최근의 시각(視覺)>인
『불교철학의 역사』(칼루파하나)

를 추천하는 것으로,
그 핵심(核心)을 잘 정리하지 못한 변명(辨明)을 삼는다.

1. 냐야와 바이셰시카

냐야는 <정리학(正理學)>, 그리고 **바이셰시카**는 <승론학(勝論學)>으로 알려져 있다.

다른 말로는, **냐야**는 **인식(認識)**과 추론(推論)을 중시하는 <논리적(論理的) 실재론(實在論)>이고,

또 **바이셰시카**는 <원자적 다원론(多元論)> 혹은 <다원적(多元的) 실재론>으로, 당연히 <범주(範疇)[파다르타]>를 다룬다.

바이셰시카는 특수(特殊), 구별(區別)을 의미하는 **비셰사**라는 말에서 왔다. <세계(世界)>를 7 범주로 구별하여 설명하기 때문이다. **바이셰시카**는 범주를 나열하는 것으로 일단 넘어간다.

1) **드라비아**[실체(實體)]
2) **구나**[속성(屬性), 성질(性質)]
3) **카르마**[운동(運動), 행위(行爲)]
4) **사만야**[보편성(普遍性)]
5) **비셰사**[특수성(特殊性)]
6) **사마바야**[내재(內在), 내속(內屬)]
7) **아바와**[비(非)-존재, 부재(不在)]

냐야의 주제는 다음과 같다.

  1) **프라마나** : (지식의) 방법(方法), 수단(手段)
  2) **프라메야** : (지식의) 대상(對象)
  3) **삼샤야** : 의심(疑心)
  4) **프라요자나** : [논의(論議)의] 목적, 동기
  5) **드리슈탄타** : 실제적인 예(例)
  6) **싯단타** : 정설(定說), 교리(教理)
  7) **아바야바** : (5 단계) 논증 요소
  8) **타르카** : 가설적(假說的) 논증
  9) **니르나야** : 결정(決定), <확실한 지식>

 10) **바다** : 논의(論議)
 11) **잘파** : 논쟁(論爭), 논박(論駁)
 12) **비탄다** : 논파(論破), 트집
 13) **헤투아바샤** : 틀린 이유, <추론의 오류>
 14) **찰라** : 궤변(詭辯), <잘못된 논증>
 15) **자티** : <잘못된 비유>, <부당한 논란>
 16) **니그라하-스타나** : <패배의 근거>(오해 등)

바이셰시카의 주요 목적은 우리의 <경험(經驗)의 분석>에 있고,
 냐야는 우리의 **<지식(知識)[인식]의 메커니즘>**에 상당 부분을 할애하고 있다.

냐야의 웃됴타카라는 말한다.

"다른 학문들은 <바른 지식을 얻는 방법에 대한 주제>를 다루지 않는다. 그들은 <그 방법들에 의해 알려진 것들[대상(對象)]>을 다룰 뿐이다."

[이 책의 부제(副題) 즉 <아는 자를 아는 일>과 관련이 적다고 생각되는 부문은 약간만 다룬다.]

바이셰시카의 7 범주는 모두 냐야의 프라메야 즉 <지식의 대상>에 들어가며,
냐야는 프라마나 즉 <지식의 방법(수단)>에 더 관심이 있다.
"냐야"의 뜻은 <마음이 어떤 결론에 이르게 하는 것>을 말하며, 그러므로 <인식론(認識論)[지식]>과 <(그 지식의) 논리 전개[논리학(論理學)]>를 더 중히 여긴다.

냐야는 지식(知識)[갸나]을 인지(認知)[우팔랍디, 아누바와, 인식(認識)]로 정의하며,
지식은 <대상의 계시(啓示) 혹은 나타남[아르타-프라카쇼-붓디]>이라고 한다.
즉 지식은 "자아가 <자아가 아닌 것[즉 대상]>과 접촉할 때 생기는 것"을 말한다.

[이런 의미에서는, <자기 지식(인식)>이라는 말은 옳은 말이 아니다.]

<**올바른[타당한] 지식[프라마]**>은 <**대상을 "있는 그대로" 인지하는 것**[야타-아르타-아누바와]>이며, 진리(眞理)는 <대상과의 일치(一致)>를 말한다.

[세상을 살아가면서, 나 자신이 <어떤 것은 믿고 어떤 것은 믿지 않고, 또 어떤 것은 인정(認定)하고 따르며 혹은 그렇지 않은지>를 살펴보면……]

<**올바른 지식[프라마]의 방법[프라마나]**>으로는, 대략 다음의 네 가지가 있다.

1) **지각(知覺)**[프라탸짜, perception]
2) **추론(推論)**[아누마나, inference]
3) **비교(比較)**[우파마나, comparison]
4) **증언(證言)**[샤브다, testimony]

[<올바른 지식>은 <기억에 의한 재현적(再現的) 지식>과는 다른 것이다. 그러나 우리는 <내가 잊어버리지 아니한 그 기억(지식)>을 가지고, 내 주장 내지 고집만을 내세우는 것이 엄연한 현실이다.
<(과거의) 기억>이 나의 뇌(腦) 속에서 변형 내지 조작될 수 있다는 것은 이제 상식(常識)이다.]

하여튼, 위의 네 가지는 아주 중요한 것이므로, 약간만 살펴보기로 하자.

(1) 지각(知覺)이 무엇인가?

　백문불여일견(百聞不如一見)……
　경전(經典)이나 <다른 사람의 수많은 경험담>도 <내가 직접(直接) 겪은 것>에는 비(比)할 수 없다!

　지각은 나의 <감각기관을 통한 직접적(直接的)인 경험>을 말하며, <보통 지각>과 <특수 지각>으로 나눈다.

　<보통 지각>은 <우리의 감각기관이 대상과 접촉하여 생기는 지각>을 말한다.
　우리의 <외부 감각기관>은 눈(眼), 귀(耳), 코(鼻), 혀(舌), 피부(身)이고,
　<내부 감각기관>은 마음(意)이다.

　그리고 <보통 지각>은 그 대상의 성격에 대한 <아무런 생각이나 판단 없이> 지각하는 <비-결정적 지각>과
　그 대상의 성격에 대한 <생각과 판단을 가지고> 지각하는 <결정적 지각>이 있다.

<특수(特殊) 지각>은 그 대상이 특별한 것이어서, <특별한 방법>으로 감각기관에 주어지는 것으로, 세 가지가 있다.

1) <보편상(普遍相)에 대한 지각[사만야-락샤나]> : 보편상(普遍相)은 한 유(類)의 공통된 성질로, 우리는 모든 인간이 죽는 것을 보지 못했지만, <모든 인간은 죽는다>는 것을 안다.
2) <복합적 연합을 통한 지각[갸나-락샤나]> : 누군가 말하고 있을 때, 내 눈과 귀는 그것을 따로 알지만, 결합(結合)을 하여 그것을 안다.
3) <요가[명상]을 통한 지각[요가자-타르마]>

이 책의 제목 "재인식(再認識)[pratyabhijna]" 즉 <어떤 대상(?)을 **이전에 지각했던 것**으로 다시 인지하는 것>도, **냐야**는 지각의 한 종류로 본다.

(2) 추론(推論)이란 어떤 것인가?

추론(推論)은 우리가 직접 지각하지는 못했지만, <**어떤 표징(表徵)**[현상]**을 보고**> 그 표징과 <**불변적 수반(隨伴) 관계**[비압티, 주연(周延)관계, 편충(遍充) 관계]**>를 갖고 있는 <다른 어떤 것을 간접적으로 알게 되는 것>**을 말한다. 예를 들어 설명한다.

1) **프라티갸**[주장(主張)] : 산에 불이 났다.
2) **헤투**[이유(理由)] : 연기가 난다.
3) **우다하라나**[예(例)] : 아궁이에 불을 땔 때
4) **우파나야**[적용(適用)] : 산에 연기가 난다.
5) **니가마나**[결론(結論)] : 산에 불이 났다.

이것을 우리 내면(內面)에 적용하면

1) **프라티갸**[주장(主張)] : 나는 존재한다.
2) **헤투**[이유(理由)] : 생각하고 있다.
3) **우다하라나**[예(例)] : 데카르트처럼
4) **우파나야**[적용(適用)] : 나는 생각하고 있다.
5) **니가마나**[결론(結論)] : 나는 존재한다.

냐야의 추론은 연역(演繹)과 귀납(歸納) 둘 다를 포함하고, 3가지로 나눈다.

1) <원인적(原因的) 추론> :
   보이는 원인으로부터 보이지 않는 결과를 추리
2) <결과적(結果的) 추론> :
   보이는 결과로부터 보이지 않는 원인을 추리
3) <유비적(類比的) 추론> :
   인과적 연관성을 지니지 않는 추리. 유추(類推)

추론은 **냐야**에서 핵심이다. 논리학은 그 <추론의 이론>이다. 좌뇌(左腦)의 것이다.

[그리고 잘 아는 대로, 직관(直觀) 혹은 <직접지(直接知)>는 논리학의 범위에 있지 않다.

논리가(論理家)들은 신비가(神秘家)를 향해 항상 목청을 드높인다.

"당신이 정말로 <안다면>, 왜 그것을 표현할 수 없느냐?"

<그 표현할 수 없는 것>을 표현하(려)는……]

(3) 비교(比較)는…… [비교적(比較的) 쉽다!]

<어떤 이름[명칭]>과 <그 이름을 가진 사물>과의 관계(關係)를 알게 하는 지식의 방법이다.

<과거에 본 일이 없이, 이름만 알고 있는 어떤 사물>을 <그 사물에 대한 묘사(描寫)에 의해 알게 되는 것>을 말한다.

[<불교 논리학>은 이것을 지각과 증언에,

상키야와 바이셰시카는 추론(推論)에 넣는다.]

(4) 증언(證言)은 **샤브다**[소리, 말]다!

<**믿을 만한 사람**의 말이나 증거의 의미를 이해함으로써 생기는 지식>을 말한다.

그는 선지자 이사야를 통하여 말씀하신 자라.
일렀으되
"<광야에 외치는 자>의 **소리**가 있어 이르되
　'너희는 주의 길을 준비하라.
　　그가 오실 길을 곧게 하라.'"
하였느니라.

　마태복음은 <예수가 그리스도[주(主)]>라는 것을
이사야서(書)를 인용하여 **증언(證言)**하고, 또 그것을
다시 <광야에 외치는 자>인 세례자 요한의 **소리**를
통해 이중(二重) 증언하면서 그 서두를 시작한다.
　[경전을 인용한 증언은 동서고금이 없다. 그리고
단순한 인용이 아닌, 재해석(再解釋)한 인용이 있을
때가 더욱 반갑고……]

　증언은 <다른 사람의 어떤 진술이나 어떤 문장의
의미(意味)를 이해(理解)하는 것으로 오는 지식>을
말하므로, 자연히 <의미론(意味論)>이 중요하다!

　사실, 모든 주석(註釋)과 강해(講解)[설교, 설법]는
의미론의 다른 형태 외에 무엇인가?

☯

자아[**아트마**]는, <불교 철학>이 말하는 것처럼 <생멸(生滅)하는 정신적 현상들의 연속적인 흐름>이라고만 볼 수는 없다. 그렇다면 기억(記憶)이라는 것이 불가능하게 되기 때문이다.

[이것은 **미망사**에서도 다룬다.]

자아는 <모든 인식(認識)의 주체>, <모든 행위의 주체>, <모든 경험의 향유자(享有者)>다.

자아는 항시 (어떤 정신적인 상태의 지각과 함께 그러한 상태를 가진) 주체(主體)로서만 인식된다.

[이것은 **베단타**에서 더 깊이 다룰 것이다.]

2. 상키야와 요가

상키야와 **요가**는 <이런저런 식으로> 잘 알려진 것이므로, 여기서는 약간만 다룬다.

<상키야>

상키야는, 우리가 잘 아는 대로, 존재계 전체를 <**푸루샤**[정신]>와 <**프라크리티**[물질]>의 두 가지로 설명한다. 이원론(二元論)이다.

[<인간은 피조물(被造物)로, 창조자인 신(神)과는 아득히 멀리 떨어진 존재>라고 가르치고 있는 것도 분명히 이원론이다. 『**쉬바 수트라**』에서 말했다.]

프라크리티는 (**푸루샤**를 제외하고) 세계의 모든 현상이 나오는 모태(母胎)와 같은 것이다. **아뱍타** 즉 <미현현(未顯現)>이라고 한다.

프라크리티는 세계의 <질료적 원인> 혹은 <제 1 원인>이며, <무한한 창조적인 힘>이다. 모든 것은 여기에서 나온다.

"결과[카랴]가 원인 속에 이미 존재[삿]한다."

<인중유과론(因中有果論)[삿-카랴-바다]>이라고
한다.

[반면, 냐야와 바이셰시카와 불교의 설일체유부
(說一切有部)는 <인중무과론(因中無果論)[아-삿-카랴
-바다]>이다.]

인중유과론은 다시,

결과(結果)를 <원인(原因)의 변형(變形)>으로 보는
<전변설(轉變說)[파리나마-바다]>과,

결과를 <원인의 환영(幻影)[즉 마야]>이라고 보는
<가현설(假現說)[비바르타-바다]>이 있다.

**"진흙 안에 이미 항아리가 <보이지 않는 형태>로
존재하고 있다."**는 것이 전변설이고,

**"진흙이 유일한 실재이고, 항아리는 거짓 환영에
지나지 않는다."**는 것이 가현설이다.

상키야는 전변설에 속하고, 베단타는 가현설에
속한다.

프라크리티는 <삿트와, 타마스, 라자스>의 세
가지 구나[성질]의 배합에 따라 다르게 그 형태를
드러낸다.

프라크리티에서 제일 먼저 특정한 성격을 갖고 나타나는 것은 **삿트와**가 지배적인 **붓디**[지성(知性)]이다.

붓디로부터 **아함카라**라는 개체화(個體化)의 원리[요소]가 전개되어 나온다.

아함카라에서 **마나스**와 **갸나 인드리아**와 **카르마 인드리아**가 나온다.

<붓디, 아함카라, 마나스>를 <**내부의 기관**[안타 카라나, 정신 기관]>이라고 하고,

<**갸나 인드리아**와 **카르마 인드리아**>를 <**외부의 기관**[바햐 카라나]>이라고 한다.

<붓디, 아함카라, 마나스와 다섯 **탄마트라**>는 <**미묘한 몸**[숙쉬마 샤리라, 미세신(微細身)]>으로, 우리의 육체가 죽더라도 존속하여, 윤회의 주체가 된다. [<여덟(8) 도시(都市)>이므로 **푸랴슈타카**라고 하는데, 우리는 그냥 "**마음**"이라고 하자.

우리가 잘 모르므로, **무의식(無意識)**이라는 말도 좋다.]

푸루샤는 정신으로, **상키야**는 이것을 인정하므로 유물론(唯物論)이 되지 않는다. [**카시미르 쉐이비즘**에서는 이것을 "**아누**"라고 한다.]

<요가>

요가에서는 <붓디, 아함카라, 마나스>를 합해서 <칫타[마음]>라고 부른다.

이 칫타 즉 마음에 <전생(前生)에서 경험한 것의 인상과 흔적[카르마]>이 들어 있어 윤회의 원인이 된다.
또 금생(今生)에서도 이 칫타 즉 마음에 <새로운 습관적인 힘>과 <업(業)의 자취>를 만들고 있다.
그래서 요가 수트라는 <마음의 작용을 멈출 때 해탈이 있다>고 하는 것이다.

"칫타-브릿티-니로다!"

이것이 요가의 대의(大義)다.

참고로 한마디 덧붙이면,
위의 1장 2절 "요가스-칫타-브릿티-니로다." 즉 "요가는 <마음의 작용을 멈추는 것>이다."는 것은 누구나 중요시하는 반면,
1절은 우리의 시선을 그렇게 많이 끌지 못한다는 것이다.
1절은 이렇다.

Atha yoga-anushasanam
아타 요가-아누샤사남

아타 : 이제, 지금   **요가** : **요가**, 수행(修行)
아누샤사남 : 가르침, 설명(說明)

이것을 우리는 보통 **<이제 요가를 설명한다>**,
<지금부터 요가의 가르침을 시작한다>라고 읽고는,
2절로 그냥 넘어간다.

그러면 적어도 <1장 1절>이라는 의미는 퇴색하고
만다. 1장 1절에 그 <책의 전체 요지>가 들어 있는
경우는 많다. **수트라**일수록 그럴 것이다.

또 인도에는 "문법학자는 모음 하나를 줄이고도
그렇게 기뻐한다."는 말이 있다.

그런 시각에서 보면, 우리는 모음 하나가 아닌,
파탄잘리의 <세 마디 말>을, 그것도 첫 경문(經文)
[**수트라**]을 통째로 빼버리는 느낌이다.

우리는 이 세 마디를 어떻게 읽어야, **파탄잘리**의
상태를 읽고, 적어도 **"요가 수트라"**가 의도(意圖)한
바에 다가갈 수 있을 것인가?

샤사나가 <자신의 가르침>인 반면 **아누샤사나**는
<(자신의 것이 아닌 다른) 어떤 것[즉 전통(傳統)]에
따른 가르침>이라고 한다.

그리고 **요가**는 <합일(合一), 수행, 실천(實踐)>을, **아타**는 <Now, 이제, 지금(只今)>을 말한다.

잘 아는 대로, **요가 수트라** 제 1 장은 <**사마디-파다**[**사마디** 장(章)]>이다. <**사마디**를 설명하는 장>이다.

사마디가 무엇인가?

요가 수트라의 주석자 **비야사**는 말한다.

"**요가**는 **사마디**다."

사마디는, 한마디로, <명상의 상태>를 말한다.

그것은 <깨어 있으면서, 생각이 없는 상태>를 말한다. <마음이 없는, **무심**(無心)의 상태> 말이다.

우리의 마음은 항상 과거와 미래 속에서 헤매고 있다. 우리의 마음은 <**지금 여기**>에 있을 수 없다. <**지금**[Nunc, 시간] **여기**[Hic, 공간]>에 있는 순간, 마음은 죽기 때문이다.

<지금 여기에 있는 순간>이 곧 <**사마디**의 순간>이고, **요가**는 그 순간을 성취하기 위한 것이다.

다음에 나오는 2절의 <마음의 작용을 멈추는 일>은 바로 그 순간을 위한 것이다.

그러므로 <지금 이 순간> 속에 "있는[존재하는]"
일이 수행의 목표이고, 요가의 대의(大義)다!

아타 요가-아누샤사남.
<지금>이 요가의 [고래(古來)의] 가르침이다.

우리는 시간을 <과거-현재-미래>로 나누지만, 그
구분은 거짓이다. 시간에는 과거와 미래밖에 없고,
<현재[지금 이 순간]>는 정확하게 말해서, 시간의
일부가 아니다. 현재는 영원(永遠)의 일부다.
<지나가 버린 것>도 시간이고 또 <다가올 것>도
시간이지만, <늘 있는 무엇>은 시간이 아니다.
그것은 <결코 지나가지 않기 때문에>, 그것은 늘
여기에 있다. <지금>은 항상 여기 있다. [이런 것을
느껴보라!] <지금>은 영원한 것이다.

"<지금>[이라는 이 순간]을 가르치는 것이
요가[의 대의(大義)]다."

이것이 어쩌면 파탄잘리가 <세 마디>로 요가를
요약한 것인지도 모른다.
그리고 그것이 파탄잘리 요가 전체의 목표에도
맞다. 요가는 <시간과 공간 속에서 분리된 우리>를
<영원의 하나>로 "묶는" 것이기 때문이다.

<한마디 덧붙인다>는 것이 이렇게 길어졌다.
<몇 마디 덧붙이면>, 책 한 권이 나오겠다.
양해 있으시길……

하여튼, **요가 수트라**는 구체적인 실천 방법으로,
우리가 잘 아는, **아슈탕가 요가**를 제시한다.

　1) **야마**[금계(禁戒)] : "하지 마!"
　2) **니야마**[권계(勸戒)] : "추천한다!"

　3) **아사나**[자세(姿勢), 좌법(坐法)]
　4) **프라나야마**[호흡 조절, 조식(調息)]
　5) **프라탸하라**[감각 철수, 제감(制感)]

　6) **다라나**[집중, 집지(執持)]
　7) **댜나**[명상, 정려(靜慮)]
　8) **사마디**[삼매(三昧)]

이들 각각의 <수행(修行)[**요가**]의 의미>는 『**쉬바
수트라**』에서 다루었다.

3. 미망사와 베단타

미망사[심구(尋究)]와 **베단타**는 **베다**에 근거하는 학파로, **베다**는 잘 아는 대로 **상히타**[본집(本集)]와 **브라흐마나**로 구성되어 있다고 하며,

브라흐마나는 다시

앞부분은 <행위편[카르마-칸다]>으로 **미망사**에서,

뒷부분은 <지식편(知識篇)[갸나-칸다]>으로, 보통 **우파니샤드**라고 하며, **베단타**에서 다룬다.

<미망사>

미망사는 <본문의 의미>를 <다섯 가지 절차>를 거쳐 확정지었다.

1) 주장의 대상을 확정하고
2) 그것에 대한 의문을 토론하고
3) 반론 즉 <다른 주장>을 검토하고
4) 정설(定說) 즉 <최종 결론>을 내리고
5) 본문의 <다른 부분에 대한 관계>를 살핀다.

미망사는 신을 부정하는 것에서는 무신론이지만, 업보(業報)를 감당해야 하는 자아[영혼]의 불멸성은 인정할 수밖에 없다.

미망사는 <자아[영혼]의 실체를 부정하는 불교의 견해>를 아주 비판한다.

불교(佛敎)에 의하면, 자아(自我)는 <순간순간의 관념[비칼파]들의 연속적 나열>에 지나지 않으며, 또 <먼저의 관념은 나중의 관념에 영향을 준다>고 한다.

그러나 <처음 관념과 나중 관념의 근저(根底)>에, <어떤 **공동의** [기반이 되는] **실체**[substratum]>가 **없는 한, <처음의 관념과 나중의 관념 사이의 어떤 연결이나 상호작용>은 불가능하다!**

또 행위를 한 사람이 자기가 행한 행동의 결과를 얻는다는 보장이 없기 때문에, 그런 견해는 우리의 <[도덕적] 행위의 합리적 기반>을 무너뜨린다.

또한, <관념[생각]들이, 어떻게 하여 한 육체에서 다른 육체로 옮겨질 수 있는가>를 설명할 수 없기 때문에, 윤회(輪廻)라는 것을 설명하기도 어렵다.

우리가 <나의 몸>이라고 말하는 것은, 정확하게 말하자면, <나>는 <몸>이 아니라는 것을 말한다. 그리고 그것은 <나의 마음>에 대해서도 똑같다.

그리고 **<우리가 기억(記憶)이 가능한 것>**은, 잘 생각해 보면[<나 자신의 경험>을 잘 관찰해 보면], **어떤 <정신적인 실체(實體)>가 있기 때문에 가능한 것으로 보인다.** ["같지 않은 같은 것이 되라."]

<베단타>

베단타에 대해서는 실제로, 우리가 많이 안다. 여기서는 **샹카라**의 **베단타** 중 가현설과 관련해서만 다루고자 한다.

샹카라에 의하면,
정말로 <존재하는 것>은, <모든 형상[**아카라**]과 성질[**구나**], 차별성[**비쉐샤**]과 다양성[**나나트와**]을 초월한> "**브라흐만**"이라는 <절대적 존재>뿐이다. 그것이 <유일한 **실재(實在)**>다.

브라흐만은 - 우파니샤드가 말하듯이 "**탓 트밤 아시.**" "**아함 브라흐마 아스미.**"이다. - <인간의 참 자아[**아트마**]>로서, <스스로 빛을 발하는[**스와얌 -프라카샤카**] 순수한 **의식(意識)**[**칫**]>이다. 이 **칫**은 **브라흐만** 그 자체이다.

"의식(意識)"으로서의 브라흐만 혹은 아트만은 모든 존재의 <내적 자아[안타르-아트마]>로서, 그 존재는 <결코 의심(疑心)할 수 없고 부정(否定)할 수 없는, 가장 확실(確實)한 것>이다.

설혹 부정하더라도, <부정하는 행위 그 자체>가 이 자아[즉 의식(意識)]를 전제(前提)로 하고 있기 때문이다.

[부정할 때, <누가> <무엇이> 부정하고 있는가?]

자아[즉 의식(意識)]는 <모든 인식의 주체>이기 때문에, 결코 대상화(對象化)하여 알 수 있는 것이 아니다.

자아[즉 의식(意識)]는 우리의 <정신 작용> 내지 <인식 활동>의 배경(背景)으로 남아 빛을 비추고 있고, 결코 <인식의 대상>이 될 수 없다.

한마디로, "나[즉 의식(意識)]"는 항상 <지켜보는 자>다! 항상(恒常), 영원히 <아는 자>다!

이 <유일한 실재(實在)>의 브라흐만이, 우리의 <무지(無知)[아-비디아]>나 <환영(幻影)[마야]의 힘> 때문에, <다양한 이름과 형상[나마-루파]을 가지는 현상 세계>로 나타난 것이다.

그러므로 이 <세계(世界)>라는 것은 **브라흐만**의 가현(假現)[비바르타]에 지나지 않는다.

이것이 <**브라흐만** 가현설(假現說)>이다.

<이런 지식>은 가히 혁명적이고, <**최고의 지식**>이다. 즉 <**파라 비디아**>다. [무지의 <**아-비디아**>가 전혀 아니다.]

브라흐만[의식(意識)]만이 유일의 실재(實在)이고, <다른 모든 것은 비실재(非實在)이고, 환영(幻影) 즉 가현(假現)이라는 것> 말이다.

[사실, **나가르주나**의 공(空)[순야]은 **브라흐만**의 <다른 말> 즉 <부정의 표현(용어)>일 뿐이다.]

필자는 **파라 비디아**[<최고의 지식>]를 영지(靈知)라고 부른다. [『**쉬바 수트라**』에서 그렇게 불렀다.]

우리는 초기 기독교에서 이단(異端)으로 여겼던 영지주의(靈知主義)[그노시스]를 안다. 영지주의는 **브라흐만** 가현설에 다름 아니다.

카시미르 쉐이비즘은 이 <**브라흐만** 가현설>을 비판한다. 혹시 왜 그런지 아는가?

파라 비디아[<최고의 지식(知識)>]는 - 어쨌든 - 좌뇌(左腦)의 것이다. 그러면 우뇌(右腦)의 것에서 <최고의 것>이 무엇이겠는가? **우뇌는** 한마디로,

<느끼는 뇌>다. <느낀다는 것>은 **<어떤 것에 내가 다가가고, 내가 거기에 포함(包含)되는 일>**이다.

또 <포함된다는 것>은 **라야**, 곧 용해(溶解)되는 일이다. 무엇이 용해되는가? <지식, 이성, 지성>이 용해된다. 지성, **이성(理性)**이 **용해(溶解)**되는 것을 <이해(理解)>라고 한다.

그래서 **"이해가 되면 느껴진다!"**고 한다.

<최고의 지식>과 더불어 **<최고의 느낌>**을 가지는 것을 카시미르 쉐이비즘 말로 **"쉬바 비압티"**라고 한다. [아니면 **<아갸 차크라의 활성>**도 좋다.]

이제 **<몸>**을, **<마음>**을, **<우주>**를 **나**로 **느낀다.** 이때의 **나**는 **의식**이다. **차이탄얌 아트마!**

텅 빈 것으로 보이는 공(空)의 **<아는 자>**는 다시 대상을 느끼고, 그것으로 다가간다. 그것은 <나>로 부터 나온 것이고, 이제 보니 **그것이 곧 <나>이다!** **탓 트밤 아시! 아함 브라흐마 아스미!**

[문득 <그것 즉 사물(事物)이 나인 것을 아는 것, 그런 것을 경험하는 것>을 물아일여(物我一如)라고 한다. 그때 **나**는 <너>이기도 하고, **꽃**[정전백수자 (庭前柏樹子)]이기도 하고, **개**(犬)이기도 하다.

그리고 **<아무것도 아닌 것>**이기도 하다.]

하여튼, <세계는 - **환영(幻影)[마야]이 아니다!** - 브라흐만에서 전개(展開)[파리나마]되어 나온다>는 것이 <브라흐만 전변설>이다.

카시미르 쉐이비즘에서는 이를 특히 <**이슈와라-아드바야**>라고 하는데, 『**프라탸비갸 흐리다얌**』과 또 『**스판다 카리카**』에서 자세히 다룬다.

☯

우리가 잘 아는 선(禪)의 일화(逸話) 하나.

누군가가 남전(南泉) 선사에게 말했다.
"<하늘과 땅과 내가 한 뿌리에서 났고, 만물과 내가 한 몸>이라는 말은 터무니없는 소립니다."

선사가 <뜰에 핀 꽃>을 가리키며 대답했다.
"요즘 사람들은 <이 꽃피는 나무[**실재(實在)**]>를 꿈[환영(幻影)]으로 보는군요."

4. 불교(佛教)와 자이나교

자이나교는 그 이름을 언급한 것으로 그친다.

<인도(印度) 불교>를 붓다의 언설(말)이 아닌 - 필자는 **<붓다가 수십 년을 설법했지만, 한 마디도 하지 않았다고 한 그 의미>**를 온전히 존중한다. - <후기(後期) 불교>라는 중관론의 의미와 유식론의 대략을 살펴서 <불교의 영성>을 다루고자 한다.

<동아시아 불교>[와 최근의 <미국(美國) 불교>]는 그냥 <지역적인 의미>로 쓰는 말이 아니다!

불교(佛教)라고 해서 <같은 것>이 아니다!

☯

[단지 교학, 이론만이 아닌] **<실천 경험[요가]을 하는 수행자>**[신비가]**에게 사마디[황홀경(恍惚境)]는 <삿-칫-아난다>이다!** [∴ <논의의 대상>이 아니다!]

"Sat - Chit - Ananda!"
"존재 - 의식(意識) - 지복!"
"꽉 찬 - 텅 빈 - 기쁨!"

샷을 보통 <존재[Being]>라고 부르지만, 사실은
<비존재[Non-being, 공(空)]>라고 불러도 좋은 것이
다. 조주구자(趙州狗子)의 무(無)가 <유무(有無)의
무>가 아닌 것처럼, 여기의 공(空)도 그런 것이다.

선가(禪家)의 **공(空)**은 단순히 **칫[의식(意識)]**이
아니다. 그것은 <**텅 빈 것**>만이 아니다.
류영모는 그것을 <**없이 계시는 하느님**>이라고
불렀다.
한형조는 그것을 <**비어 "있음"**>이라고 불렀다.
필자가 보기에, 그것은 <**샷-칫[존재(存在)-의식]**>
즉 <**꽉 찬 - 텅 빈 것**>이다.

비갸나 바이라바는 말한다.

"**바이라바, 즉 <신(神)의 상태>는
순수[공(空)]하고 전 우주에 편만(遍滿)하다.**

**그 상태는 [또] 충만(充滿)하여,
모든 분별(分別)과 모순으로부터 자유롭다.**"

카시미르 쉐이비즘에서는 그것을 <쉬바 비얍티>
라고 부른다. 아니면 <파라마 쉬바의 상태>라고도
할 수 있다.

카시미르 쉐이비즘의 <쉬바 비압티>는 정확하게 <꽉 찬 − 텅 빈 − 기쁨!> 즉 "삿-칫-아난다"이다.

지복(至福)으로 번역한 아난다는 기쁨과 환희다. <프라카샤 비마르샤 마야>로 울려 퍼지는 이 우주(宇宙)의 <환희(歡喜)의 찬가> 말이다.

❧　　　　❧　　　　❧

<중관론(中觀論)>

나가르주나[용수(龍樹)]의 중관론[공(空) 사상]은 이 책 『프라탸비갸 흐리다얌』에서는 <비판적으로> 다룬다. − 잘 설명되지 않은 채로, 그리고 무엇보다 크세마라자의 눈높이에서 말이다. 그는 카시미르 쉐이비즘의 최고봉 아비나바굽타의 직제자다.

나가르주나의 중도(中道)는 <우리가 제법(諸法)의 실상(實相)이 공(空)[순야]인 것을 알게 되면>, 그 제법이 − 아무것도 아닌, 무(無)가 아니라 − <"있는 모습 그대로" 여러 모습을 가지고 존재한다>는 것이다. 반야심경(般若心經)의 색즉시공(色卽是空), 공즉시색(空卽是色) 말이다.

<공(空)의 세계>는 불생불멸(不生不滅), 불구부정(不垢不淨), 불증불감(不增不減)의, 한마디로, **<모든 언어(言語)와 개념(槪念) 즉 "생각"이 그 타당성을 잃어버리게 되는 경지>**이다.

나가르주나에 의하면, 사람들이 <세계의 실제의 모습>인 공(空)을 깨닫지 못하는 것은, **말과 생각의 성격과 밀접한 관계가 있다**는 것이다.

우리가 사용하는 말 때문에 [언어로써 지칭되는] 그 사물(事物)을 실재의 것인 양 보게 되는 경향이 있다는 것이다. 우리가 <일상 언어>를 매개(媒介)로 하여 세계를 보는 한, 사물들은 독립되고 고정된 본질을 갖고 실재하는 것처럼 보인다.

언어가 **진리(眞理)** 혹은 **실재(實在)**를 왜곡하기 때문이다. [**문자를 넘어 소리로, 느낌으로 가라.**]

그러나 우리는 언어를 버릴 수가 없다. [그러면 최소한 **불립문자(不立文字)**하라! 즉 **<언어에 너무 매이지 말라!>**]

그래서 **나가르주나**는 유명한(?) 이제설(二諦說)을 말하는 것이다. <절대적 진리>와 <상대적(세속적) 진리> 라는 것 말이다.

1) 속제(俗諦)[삼브릿티-사탸]는 보통의 상식적인 눈으로 보는 것을 말하고, 나아가 <모든 철학적인 사유의 단계>가 그것이다. [<비칼파의 세계>다.]

2) 진제(眞諦)[파라마르타-사탸]는 사물을 <있는 그대로> <프라갸[반야(般若), 지혜]의 눈으로> 보는 것을 말한다. [<니르-비칼파의 세계>다.]

나가르주나는 말한다.
"**속제를 떠나서는** 진제를 깨달을 수 없다."

그리고 필자는 말한다.
"**<가시를 빼기 위한 가시>**는 필요하다."

나가르주나의 공(空)은 실제로, **샹카라차리아의 베단타에 <시퍼렇게 살아 있다>**는 것은 잘 알려진 사실이다.

☯

여기서는 **<붓다가 왜 그렇게 순야[공(空), "0"]를 강조해야 했는지**[이른바 <형이상학적 질문에 대한 그의 무응답(無應答)>], 그리고 왜 불교가 인도에서 그 뿌리가 뽑혔는지>를 생각해보고자 한다.

붓다는 신(神)은 없다고 했다. 만약 신이 있다면, 우리는 완전히 텅 빌 수가 없기 때문이다. <나>는 없을지도 모르지만 신(神)은, 신성(神性)은 거기에 있을 것이다. **그때 신성이라는 것은 속임수를 쓰고 있는 <나의 마음(영혼)>일지도 모른다.**

붓다는 영혼(靈魂)[아트마]은 없다고 했다. 만약 영혼이 있다고 하면, <나의 에고>를 그 뒤에 숨길 수 있기 때문이다. **영혼이 있다고 느끼면, 실제로 <나의 에고>가 그것을 떠나는 것은 어렵다.** <나>는 - 에고든 영혼이든 - 어쨌든 거기에 있을 것이기 때문에, 나는 <완전히 텅 빌> 수가 없다.

붓다는 **<텅 비어 있는 상태>를 위해서라면**, 모든 것을 부정해야[만] 했다.

우리가 <텅 빈 것[순야, "0"]> 속으로 들어가면, 실제로 우리는 <모든 것[브라흐만, "∞"]> 속으로 들어간 것이다. - 우리는 그것을 신, 아트마라고 부를지도 모른다. - 그러나 그것은 <내>가 완전히 <텅 빌 때[사라질 때]>만 일어난다.

오직 그때만 그 **진리**(眞理) 혹은 그 **실재**(實在) 속으로 들어갈 수 있다. [그것과 <하나>가 된다.]

그러므로 <나>에게는, 신, 영혼, 마음, 생각 등 <어떤 것>도 남아서는 안 된다.

붓다는 <성취되어야 할 어떤 것[목표]>이 있다면, 욕망(慾望)이 없게 될 수 없다고 느꼈다.

그는 우리가 욕망(慾望)이 없도록 하기 위해서, <모든 목표[신, 영혼, 천국]>를 파괴했다.

붓다와 불교도들은 <극도의 우상 파괴자>였다!

그러나 사실, 우리는 <욕망[희망, 소원]의 다발> 외에 무엇인가?

그래서 우리는 궁리(窮理)하고, 염려(念慮)하고, 기도(祈禱)하는 것이다.

욕망(慾望)이 사라지면, <나>는 간단히 사라진다. 내가 <존재하지 않을 것>이라는 말이 아니다. 나는 존재할 것이다.

그러나 <텅 빈 것>으로다. 마치 <텅 빈 방>처럼 말이다. 아무도 없다. 단지 순야, 즉 무(無)다.

붓다는 이 <아무것도 없는 것>을 안-아트마, 즉 <영혼(靈魂)조차도 없는 상태>라고 했다.

안-아트마를 누군가 <무아(無我)>라고 번역했고, 또 우리는 <대충> 알아듣는다.

즉 우리는 붓다의 무아를 <에고가 없는 것>이고 영혼 즉 <윤회하는 주체>는 있는 것으로 여긴다.

그러면, <공(空)의 상태>는 멀어져만 간다.

<텅 비어 있는 것>, 즉 공(空)은 **가장 섬세하고 가장 미묘한 것**이다.

[카시미르 쉐이비즘의 용어[방언(方言)]로, **쉬바, 칫** 즉 **의식**(意識)이라고 한다.]

<텅 빈 것>을 - 우리가 바라는 천국이 아닌 - 나의 목표(目標)로 삼는다는 것은 아무래도 내키지 않는 일이다.

<텅 빈 것>은 <나의 시간과 에너지>를 소모하며 노력(勞力)할 무엇이 아닌 것 같기 때문이다.

그러나 **붓다**는 이 <부정(否定)의 용어>를 그의 **빅쿠**들에게 사용했고, 그는 차츰 오해를 받았다.

불교는 바로 이 <공(空)의 방편> 혹은 <부정의 용어> 때문에 인도에서는 뿌리가 뽑혔다.

[현대의 <물질문명이 발달한 곳> 즉 기독교라는 <긍정의 용어>가 넘쳤던 서양에서, 동양의 <텅 빈 것>과 <부정의 용어>가 주는 매력(魅力)이 생기는 것은 어쩌면 당연한 일일 것이다.

그 <반대 현상>도 마찬가지고.]

☯   ☯   ☯

<유식론(唯識論)>

요가 즉 <실천(實踐)의 경험>에서 나온 것으로 알려진 유식론은, [반야경전들과 중관철학의 공(空) 사상을 받아들이고, <무아설(無我說)[안-아트마]>을 지키면서도,] "실재(實在)"에 대한 <부정적인 접근 방식>을 지양하여, <윤회(輪廻)의 주체>인 알라야-비갸나[아뢰야식(識)]를 주장한다.

그리고, 잘 아는 대로, 다음의 순서로 전개된다.
<해심밀경(解深密經)>은 우리가 위파사나 등을 수행할 때 나타나는 영상(映像)은 심(心) 즉 의식과 다를 바가 없다고 한다. 그 영상은 단지 의식일 뿐 이므로, <의식의 대상(對象)>은 단지 의식에 의해 나타나는 것뿐이다.
우리는 <거울에 얼굴을 비추면, 얼굴의 영상을 본다>고 하지만, <얼굴을 떠난 영상(映像)>이 따로 있는 것은 아니다.

<열반경(涅槃經)>은 <여래(如來)의 자궁[타타가타-가르바]>이라는 말로 <일체중생 실유불성(一切衆生 悉有佛性)[모든 사람은 불성이 있다!]>을 외치면서, 열반 즉 니르바나를 나(我)로 규정하고 있다.
[이제 무아설은 한쪽으로 물러나 있어야 한다.]

스리랑카로 들어간다는 뜻의 <능가경(楞伽經)>은 이제 **알라야-비갸나**[아뢰아식]와 **타타가타-가르바**[여래장(如來藏)]를 같은 것으로 본다.

대양(大洋)과 파도(波濤)는 같은 것으로, <생멸의 세계> 자체가 곧 진여(眞如)의 나타남이다.

그러나 아뢰아식(識)은, 자성청정심(自性淸淨心)의 여래장이 아닌, <진망 화합(眞妄和合)의 이중성>을 갖고 있다.

<대승기신론(大乘起信論)>은 진여와 생멸(生滅)을 "**일심(一心)**[에카-칫타]"의 양면으로 본다.

일심법계(一心法界)의 무차별상(無差別相)이 진여이고, 차별상이 생멸의 세계이다.

[세상이 곧 **쉬바(의식)**이고, **쉬바**가 세상이다.]

하여튼 유식론(唯識論)의 시조(始祖) **바수반두**는 <유식 30 송(頌)>을 이렇게 시작한다.[제 1송]

아트마-다르마-우파차로 히
  비비도 야 프라바르타테
비갸나-파리나모'사우 파리나마
  사 차 트리다

"<나[**아트마**, 자아]>와 <현상[**다르마**, 대상(對象),
법(法)]>이라는 말의 사용은 실로 다양하다.

그것들은 모두 <의식(意識)[**비갸나**]의 변형(變形)
[**파리나마**, 전변(轉變)]>에 기인한 것이다.

그러한 변형에는 세 가지가 있다."

의식의 전변의 3종은 <**알라야식**>, <말나식[**붓디**,
아함카라**]>, 그리고 <육식(六識)[안이비설신의(眼耳
鼻舌身意)]>이다.

[유식론에서는 말나식을 <**마나스**, **아함카라**>로
보지만, 필자는 위처럼 바꾸었다.

또 육식(六識) 중에서 <의(意)의 식(識)>을 <의식
[**마노-비갸나**]>이라고 한다. 여기에서 **의식**이라는
말이 생겼다면, **카시미르 쉐이비즘**이 말하는 **의식**
(意識)은 **칫**, **차이탄야**, **체타나**로 <**우주 의식**>,
<초월의식> 내지 <**아는 자**>라고 해야 할 것이다.]

<세 가지 의식(意識)의 전변(轉變)에 의해 만법이
현현한다>는 것이 유식론이다.

이런 진리를 모르고, 나(我)와 대상(諸法)에 대한
망분별(妄分別)로 집착(執着)을 하게 되는데, 이것을
<**거짓된 것**[**파리칼피타-스와바와**, 변계소집성(偏計
所執性)]>이라고 말할 수 있다. 우리는 그런 것들을
실재하는 것으로 여긴다.

그러나 <망분별하는 것> 자체도 **알라야식** 종자에 의존하는 것이다. 이것을 <**상대적인 것**[파라탄트라 -스와바와, 의타기성(依他起性)]>이라고 한다.

그러나 그런 <의타기성[**상대적인 것임**]을 깨닫는 순간>, 우리는 "**비갸나[의식(意識)]**"의 본성(本性) 그 자체를 보고(느끼고) 있는 것이다.

나[아는 자]와 대상[알려지는 것, 諸法]의 분별을 잊으면 <진여(眞如)[**타타타**]> 그 자체를 보는 것인데, 이것을 <**궁극적인 것**[파리니슈판나-스와바와, 원성실성(圓成實性)]>이라고 한다.

의타기성[**상대적인 것**]과 원성실성[**궁극적인 것**, 절대적인 것]은 같지도 또 다르지도 않다. 의타기성 [**상대적인 것**]을 바로 깨달으면 원성설성[절대적인 것]을 깨닫는 것이 되고, 그렇지 않을 때, 우리는 변계소집성[**거짓된 것**]에 빠진다.

☯

"vijnapti-matram eva-tad!"
"**만법유식(萬法唯識)!**"
"**모든 것은 의식(意識)일 뿐이다!**"

이제 유식론(唯識論)은 <의식(意識)의 문제> 즉 <인식(認識)의 문제>를 불교철학의 관심사가 되게 했다.

결국 **<인식론(認識論)>이 <존재론(存在論)>이요, 존재론이 인식론인 것이다!**

즉 <인식[의식]하는 무엇>이 <존재하는 자>이고, <존재자>를 찾는 일은 <인식자[**의식**, "아는 자"]>를 아는 일이다. **<아는 자를 아는 일>** 말이다.

우리는 다시 **냐야**의 인식론으로 돌아왔다.

다른 말로, '나는 누구인가?', '나는 무엇인가?' 라며 <지금, 바로 지금> **<생각하고 있는 이것>은 무엇인가?** 무엇이 생각하고 있는가?

그 무엇이 <인식(認識)[안다는 것]>의 주체인가? (내 속에서) <아는 자>는 누구인가? <아는 주체>, 인식자(認識者)는 도대체 무엇인가?

다시 한 번 더 일러둔다.
이 책의 부제(副題) 내지 주제(主題)는 **아는 자를 아는 일**이다.

제 3 장

카시미르 쉐이비즘의 수행 체계

1. 쿨라와 크라마
2. 스판다와 프라탸비갸

<붓다의 가르침[불교(佛敎)]>도 한때는 힌두교의 시선(視線)으로는 외도(外道)였고, 기독교(基督敎)도 유대교의 시각(視角)에서는 이단(異端)이었다.

그리고 카시미르 쉐이비즘도 지금까지는 우리의 눈길을 <바르게> 끌지 못했다.

쿨라와 크라마, 그리고 스판다와 프라탸비갸를 위해, 더 많은 <영성(靈性)의 책>이 이런저런 모양으로 이 땅에 소개되기를 바란다.

아비나바굽타의 대작(大作)으로 알려진 『탄트라 알로카(Tantra-aloka)』와 또 여러 책이 누군가에 의해 잘 번역되고 요약되어, 그런 <영성 (과학)의 책>을 이른 봄날 창가에 앉아 읽어보고 싶다.

1. 쿨라와 크라마

<쿨라>

좌도(左道) **탄트라**, 그리고 그 유명한 5 M!
<5 M[**마카라**]>는 곧 **마댜**[마디라, 술(酒)], **마챠**
[생선(生鮮)], **망사**[고기(肉)], **무드라**[(볶은, 건조한)
곡식(穀食)(?)], **마이투나**[성교(性交)]를 말한다.
주(酒)에서 시작하여 **색**(色)으로 끝난다.

"**쉬바-링가**"라는 말에서도 암시(暗示)를 받듯이,
<**쉬바의** 가르침들>에서 <보다 극단적(極端的)인(?)
방법>을 사용(使用)하는 이들은 [그때나 지금이나]
비난을 받는다. [실제로, 그런 것을 악용하고, 오용,
남용하는 축들도 있는 것이 사실이니 말이다.]

오래 전 **바이라바난다**는 <이렇게> 노래했다.

죄와 벌, 도덕은 지옥에나 가라지!
스승은 가부좌에서 나를 이끄시누나
<술>과 <여자>로써 더 없이 즐겁고
구원(救援)을 향하여 우리는 춤춘다

<뜨거운 여자>는 날 이끌 제단(祭壇)
맛난 고기 먹으며 독한 술을 마신다
침상의 담요처럼 보시(布施)로 온 것들
<더 나은 종교>를 생각할 수 있겠는가?

브라흐마, 비슈누, 잡동사니 신들은
명상, 예배, 베다로 너스레를 떨겠지만
처녀 우마의 연인, 우리의 **쉬바**만이
구원에다 술과 여자 더하여 주시도다

☯

여기서는 **주색**(酒色)을 약간만 다룬다.
먼저 **색**(色)······

밧타차리아는, 그의 책에서, 소년(少年) 시절에
그가 어떻게 <샤프론의 여인>이라는 한 **바이라비**
[여(女) 수행자]에 의해 <성의식(性儀式)으로> 소위
탄트라에 입문하게 되었는지를 그리고 있다.

······그들은 함께 <버려진 사원(寺院)>으로 갔다.
그곳에서 그녀는 불을 피우고, 향(香)을 넣은 다음
깊은 명상에 잠겼다. 그는 그녀 옆에 앉아서 눈을
감고 그냥 <흘러가고> 있었다.

문득 그녀의 부드러운 손길을 느껴서 눈을 떴을 때, 그는 그녀가 완전히 발가벗은 것을 보고 깜짝 놀랐다.

그녀는 연화좌(蓮華坐)를 한 채, 앞으로 수그리고 있었다. 그녀의 성기(性器) 주위와 음모(陰毛)에는 **샤프론** 꽃잎이 흩어져 있었고, 몸의 다른 부분들은 재가 발라져 있었고, 또 검고 붉은 색으로 칠해져 있었다.

바이라비는 변형(變形)된 것처럼 보였다. 그녀가 자신의 무릎 위에 앉으라고 했을 때 - 전에도 여러 번 그런 적이 있으나, 천을 한 조각이라도 걸치지 않은 적은 없었다. - 말도 못할 정도로 놀랐으나 따를 수밖에 없었다.

"나는 <성스러운 몸> 위로 올라가 그녀의 다리가 접혀져 생긴 <어두운 공간> 위에 앉았다.

처음 그녀의 피부에 닿았을 때 마치 불타는 것 같다는 것을 알았다. 그 열(熱)은 금지된 것이었다. 그러나 그것은 내가 관여해야 할 것이 아니었다. 나는 익숙한 연화좌를 했다……

몇 분이 지났을까, 아니면 몇 시간이…… 무슨 상관이랴.

<환희(歡喜)의　물줄기>가　그녀가　항상　말했던 84,000　**나디**　속으로　흘렀다.　나는　척추　기저(基底) 에서,　척추　위아래로　달리는,　약간　간지러운,　약간 울리는　충동(衝動)을　경험했다."

　　바이라비는　<그[밧타차리아]는　살아　있는　불꽃, 영원한　시간,　태양,　**브라흐만**>이고,　<그녀　자신은 시체(屍體),　한정된　시간,　하늘,　연꽃>이라고　했다.

　　그다음　그녀는　그에게　경문(經文)을　암송하라고 했으며,　곧　그는　경문을　암송하며　그녀와　자신에 대한　모든　감각(感覺)을　잊었다.

　　"나의　음경(陰莖)의　둔덕에서　어떤　일이　일어나고 있었다.　어떤　전율(戰慄)과　떨림,　그리고　<뜨겁고 깊은　박동(搏動)>이　계속해서　망치질을　해댔다.
　　그　파도(波濤)가　들이닥칠수록　나는　그것을　나의 척추　기저로　밀어내고　있었다……
　　[<사정(射精)>을　하고　있었다는　의미다.]

　　완전함,　충족(充足),　황홀(恍惚)의　이상한　느낌이 나의　모든　신경에서　일어났다."

☯

쿨라 아르나바 탄트라는 마이투나는 조심스럽고 정확한 의식(儀式)이 되어야 한다고 한다. 그렇지 않으면 어렵게 얻은 지식을 잃게 된다.

경전을 암송하고 자신을 정화(淨化)하여, <**자신을 쉬바로, 상대방을 샥티로 심상화(心象化)하고, 인간 형상을 한 여신(女神)에 대한 경외(敬畏)의 마음이 있어야**> 한다.

마이투나는, 섹스가 아닌, 거대한 힘인 **쿤달리니** 에너지의 이야기다. 소위 <관능적(官能的)인 것>은 전혀 없고, 예민한 자극을 통한 <감각의 초월>만 있는 것이 **마이투나**다.

우리가 <성(性)[섹스]을 통해> 아래로만 향한다면 우리는 그냥 동물일 뿐이고, 만약 <**마이투나처럼**> 위를 향해 나아갈 수 있다면, 우리는 그것을 통해 **신**(神)["**하나**"]이 될 수도 있다.
[비갸나 바이라바에서 다루었다.]

주(酒)……

한때 <먹보요 **술꾼**>이라는 소리를 들었던 예수는 말한다.

진실로 너희에게 이르노니
내가 포도나무에서 난 것을
<하나님 나라>에서 <새 것>으로
마시는 날까지
다시 마시지 아니하리라

그래서 그가 그때부터 금주(禁酒)했다는 말인가? 그래서 또 기독교도들은 불교의 스님들처럼 금주를 하는가? 성당의 신부님들은 술을 마시던데……

그러면 예수는 부활하여 승천(昇天)한 요즘은 [약 2,000년 간] <하나님 나라>에서 <새 술>을 마시고 있다는 말인가?

<하나님 나라>에는 <술 집>이 많다는 말인가? 아니면 <술>이 많다? 그래서 맨날 <술판>?

<새 술>은 <저급(低級) 와인>? 그래서 <묵은 것 [오래된 것]>이 좋다고 했나?

묵은 포도주(葡萄酒)를 마시고
<새 것>을 원하는 자가 없나니
이는 묵은 것이 좋다 함이니라

도대체 무슨 말인가?

하나님 나라는 무엇이고, **새 술**은 무엇인가?

신약 성서의 사도행전(使徒行傳)에 보면 재미있는 이야기가 나온다.

오순절(五旬節)이라는 명절에 예수의 제자들이 한 곳에 모였고…… 그날 홀연히 하늘로부터

<급(急)하고 강(强)한 바람 같은 소리>가
온 집에 가득하고,
<불의 혀 같이 갈라지는 것>이
각(各) 사람 위에 임(臨)하여 있더니

저희가 다 성령(聖靈)의 충만(充滿)함을 받고
성령이 말하게 하심을 따라
<다른 방언(方言)>으로 말하기 시작하니라.

그래서 <다른 방언>을 하자, 세상 각 지방에서 [명절을 지키러] 온 사람들이 놀라고 의심하고,

또 어떤 이들은 조롱(嘲弄)하여 이르되
"그들이 <새 술>에 취하였다." 하더라

조롱에 대해서는 필자의 『**소와 참나 이야기**』에서 다루었다. "不笑 不足以爲道(불소 부족이위도)" 말이다.

<다른 방언(方言)>이 무엇인가?

　영어, 한국어, **산스크리트**어 등의 공간과 시간이
다른 곳의 언어도 방언이다.
　그러나 <불교 용어> <기독교 용어> 등 정신적인
각 지역[불교, 기독교]의 말도 방언이다.
　그리고 (옛날 용어가 아닌) <그 시대의 용어>로
말하는 것도 <다른 방언>이다.
　[그러므로 **<기독교 용어>로만 말하는 사람들은,
아직 <새 술>에 취한 것이 아니다!**]

　<하나님 나라>가 무엇인가?
　모든 것이 <하나>라는 전체성(全體性)을 말한다.

　<새 술>은 [**조롱(嘲弄)하는** (이들의) **말인**] **성령의
다른 이름이다.**
　[사도행전에 보면, 그리스도인이란 말도 처음은
<조소(嘲笑)하는 말>로서 쓰인 것으로 보인다.]
　그것이 예수가 했던 말이다.

　진실로 너희에게 이르노니
　<내>가……
　<하나님 나라>에서 <새 것>으로
　마시는 날까지……

[“성령(聖靈)을 **새 술**이라고 하다니…… 이 녀석 아직 술이 덜 깼나?” 그렇게 말하는 소리가 필자의 귀에서 들리는 것도 같다…… 아무래도 취(醉)한 것 같다. <묵은 것>인지 <새 것>인지는 몰라도……]

술과 색이 <그렇게도> 흥겹소?

鏡虛本無鏡(경허본무경)
惺牛曾非牛(성우증비우)
非無處處路(비무처처로)
活眼酒與色(활안주여색)

**거울은 비어 달리 거울이 없고
깨달은 소도 본디 소가 아니라.
머무를 곳도 없고 길도 없으니
걸림 없는 눈 술과 색이 흥겹소.**

월면 만공이 스승 성우 경허(鏡虛) 선사께 바친 글이라고 한다.
<달리 거울이 없고, 본디 소가 아닌> 사람……
그런 <**걸림 없는 눈**[활안(活眼)]>을 가진 이에게는 **술과 색이 흥겨울 것이다.**

그러나 <그렇지 않거든> 흉내 내지 말라.

104

도마복음에 이런 구절이 있다.

**사람이 먹은 사자는 복이 있나니
이는 그것이 사람이 될 것임이요
사자에 먹힌 사람은 화가 있나니
이는 그것이 사람이 될 것임이라**

여기서 사자(獅子)는 우리의 수성(獸性)을 말할
것이다. 아니면 탐진치(貪嗔痴)라고 해도 좋다.
어릴 때, 어른들이 하는 말을 들은 적이 있다.
<처음에는 사람이 술을 먹고, 다음에는 술이 술을
먹고, 마지막에는 술이 사람을 먹는다>는 것이다.
술(酒)이든 수성(獸性)이든, 그것에 **먹힌 자**에게
화(禍) 있을진저.

쿨라는 <전체성(全體性)[Totality]>을 의미한다.

전체성(全體性)이 무엇인가?

인간의 <섹스에 대한 갈망>은 <**하나**됨[하나임,
전체성]의 갈망> 외에 아무것도 아니다.
왜 술을 마시는가?

예를 들어, <나>를 잊기 위해서라면…… 이때의 <나>는 <근심과 걱정덩어리>로서의 <나>를 의미할 것이다. 어쨌든 이완(弛緩)을 위함이다.

이완[릴랙스, relax, **쉼**]이 무엇인가?

긴장(緊張)은 <에너지의 뭉쳐짐>을 말한다.
이완(弛緩)은 <에너지의 풀어짐>을 말한다.

그러므로
긴장은 삶에서 일어나고,
이완은 죽음에서 일어난다.

<죽음>-<사랑>-<명상>, <영성>, <전체성[**쿨라**]>, <이완[공(空), 신(神)]>은 모두 동의어(同義語)이다.

사랑을 하고 술을 마시는 것은 결국은 <**하나**됨> 곧 전체성을 갖기 위한 것이다. 그것이 **쿨라**다.
<**내가 너이고 너가 나인 상태**> 말이다. 그것이 유대교 류(類)의 경전에서는 신(神)이 자신을 <나> 혹은 <**우리**>라고 하는 이유다.

☯

쿨라 체계는 <프리트비에서 **쉬바[우주 의식]**까지 상승하면서>, <최고의 단계에서 가장 낮은 단계로 하강하면서> 우리가 어떻게 [나의 진정한 본성인] **<우주 의식[차이탄야]>**을 알아채면서 살 것인가를 가르친다.

쿨라 체계에는 <최고의 단계와 가장 낮은 단계의 순환>에서 우리 자신의 본성을 깨닫는 것에 단절이 없다.

쿨라 체계의 수행은, 한 조각에서 우주 전체성을 깨닫는 것이다. 이 세상에 있는 한 조각, 한 부분을 취(取)하라. 그 한 부분에는 우주 전체의 완전성이 있다. <에너지의 전체성>은 한 부분에서 발견된다.

<모든 것>은 <하나>에 가득하고, <하나>는 <모든 것>에 충만하다.

<**프라탸비갸** 체계>는 우리가 <어떻게 한 곳 즉 그때 거기에 살면서 나의 본성을 깨달을 것인가>를 가르치지만, <**쿨라** 체계>는 우리가 <어떻게 가장 낮은 단계에서 가장 높은 단계로 오를 것인가>를 가르친다.

그동안 우리는 나의 본성을 경험한다. <**프리트비 탓트와**에서 실현된 **쉬바**>는, 저 <**쉬바 탓트와**에서 실현된 **쉬바**>와 똑같은 수준과 똑같은 실재의 **쉬바**

이다.

여기에 <세상의 모든 행위>의 완전한 깨달음이
있다.

쿨라 체계는 5세기에 슈리맛찬다나타가 소개한
바 있으나, 9세기에 수마티나타가 다시 소개했다.
그 뒤를 소마나타가 이었고, 그 뒤를 샴부나타가
이었고, 그의 제자가 아비나바굽타이다.

❡   ❡   ❡

<크라마>

<크라마 체계>는 쿨라와 프라탸비갸 체계와는
다른 방식이다.

크라마는 한 단계, 한 단계 연속적(連續的)으로
올라간다. 그런 것이 <깨달음을 확고하게 한다>고
가르친다. 그리고 <연속적인 것>은 시간과 공간이
관련된다.

크라마에서 <시간과 공간을 넘어가는 것>은 그 끝이다. 시간이 없고, 공간이 없는 곳에서는 그것을 수행할 수가 없기 때문이다.

[프라탸비갸가 돈오(頓悟)를 말한다면, 크라마는 점수(漸修)로 보는 것도 또한 좋을 것이다.]

<크라마 체계>에는 주로 샥토파야와 12 칼리가 속한다.

여기에서 "12 칼리"는 어떤 <한 인식(認識)>에서 <12 (가지) 움직임>을 말한다.

예를 들어, 내가 지금 어떤 항아리를 바라보고 있다면, 감각(感覺) 혹은 주의(注意)가 <나>에게서 <그 항아리>로 간다.

다시 그 주의가 그 항아리로부터 나에게로 돌아와서 감각을 주면, 나는 그것이 항아리라는 것을 안다.

정확히 말해서, 그 <항아리의 곳>에서는 그것이 항아리라는 것을 알지 못한다. 우리의 마음에서 그 항아리를 알아챈다.

우리의 인식(認識)은 내면에서 항아리로 움직이고 다시 항아리로부터 나의 마음 혹은 생각으로 돌아온다.

[비갸나 바이라바의 "주의가 닿는 곳마다"에서
<주의의 비밀>이라며 이 방편을 다루었다.]

☯

<프라나 쿤달리니의 상승> 또한 크라마 체계의
방편이다.
　나는 한 **차크라**에서 다음 **차크라**로, 한 상태에서
다른 상태로 오른다. 이 연속적인 과정이 **크라마**
체계다.

**차크라를 오르는 에너지를 느껴라.
혹은 그것을 번개로서 느껴라.**

　크라마 체계에는 유명한 수행자 셋이 있었는데,
모두 여성(女性)이었다. 아주 의미가 있다!!!
　7세기에 **쉬바난다나타**라고도 하는 **에라카나타**가
소개했고, 세 명의 입문자 모두 여자였다. **샥티**가
주된 것이기 때문이다.

　케유라와티, 마다니카, 칼야니카가 그녀들이다.
이들은 나중 남녀 제자를 입문시켰다.
　[그녀들은, 필자가 보기에, 이제는 전설(傳說)과
신화(神話)가 된 <3 여신(女神)>이다.]

이 체계에서는 파르바티가 쉬바를 입문시키고, 쉬바는 단지 제자이다.

이것이 <분석심리학>의 융이 말하는 "아니마"가 의미하는 것일 것이다.

그리고 괴테가 『파우스트』에서 말하는 "**<영원한 여성상(女性像)>이 우리를 이끌어 올리도다.**"의 뜻이기도 한다.

참고로, 성모(聖母) 마리아의 마리아[Μαριαμ]는 히브리어 미리암[מרים]에서 왔고, <**높여진 자**>라는 뜻이다. 당연히 그 <높여진 자>가 우리를 <**이끌어 올릴 수 있다.**> 즉 구원(救援)할 수 있다.

그리고 **하타 요가**에서도 [여성형의] **쿤달리니**가 올라가 <**높여질 때**> 우리는 자유(自由)를 맛본다.

☯

필자의 시골 **요가원**에 <**쿠르마(꾸르마, 거북이)**>[박제(剝製)한 것] 한 마리를 두었다.

<시간과 공간 안에서[삶에서]>, **요가** 즉 수련을 <꾸준히> <한 단계, 한 단계> 하자는 의미로……

아니면, **크세마라자**의 <**크라마 무드라로**> 수행하자는 의미로……

[**쿠르마, 크라마!** 필자의 말장난이다.]

2. 스판다와 프라탸비갸

스판다와 프라탸비갸 체계는 『스판다 카리카』와
이 책 『프라탸비갸 흐리다얌』을 통해 <어느 정도>
알 수 있을 것이므로, 여기서는 <그냥> 참고로 몇
마디 적는다.

    ☯   ☯   ☯

<스판다>

스판다 체계는 <움직임[운동, 에너지]이 없이는
아무것도 존재할 수 없다>고 한다.
움직임이 있는 곳에 생명이 있고, 움직임이 없는
곳에는 죽음만이 있다.

잘 관찰하면, 깨어 있을 때, 꿈꿀 때, 잠잘 때와
투리야에서도 <움직임>이 있다.

이제 잘 아는 대로, **스판다** 체계는 **바스굽타**가
『**쉬바 수트라**』와 『**스판다 카리카**』를 찾고 지어서,
<[지켜보는] 에너지>를 우리에게 드러냈다.

그리고 에너지 공식(公式)에는 비록 <상대적인 것>에 대한 것이지만 " $E = mc^2$ "을 우리는 기억한다.

여기의 에너지 "스판다 샥티"는 상대적인 것도 포함하는 <절대적(絶對的)인 에너지>를 말한다.
물론 그 공식은 없다.
꼭 표현해야 한다면

" $0 = 1 = \infty$ "

[즉 "0"은 불교의 **순야**, 공(空), "1"은 기독교의 <**하나님**>, "∞"는 힌두교의 **브라흐만**의 상징이자 그 의미하는 것이다.]

혹은

" θ[신(神), **나**] $= \alpha + (\cdots\cdots +) \omega$ "

[즉 <나>는 알파와 오메가요, 처음과 나중이요, 시작과 끝이라는 것이 그 공식일 것이다.]

    ☯   ☯   ☯

<프라탸비갸>

프라탸비갸는 "<나 자신[**아는 자 혹은 참나**]>을 <문득[자연히]> **알아채는**[인식하는] **것**"을 말한다.

노력[수행]하는 것이 없다. 그러므로 프라탸비갸 체계는 **아누파야**다. 단지 인식(認識), 즉 <재(再)-인식[회광반조(回光返照)]>할 뿐이다.

<내가 처(處)한 곳에서[내가 있는 그 상황에서]>, 다른 어떤 곳으로도 움직이려고 하지 말고, 어떤 것도 하지 않고 **<그때 거기서> 나 자신을 알아챌 수 있다.**

어릴 때, 양가(兩家) 부모가 혼약(婚約)한, 어떤 <신랑 신부의 예(例)>를 들자.

처녀는 장차 남편이 될 청년을 본 적이 없지만 **그를 몹시 보고 싶었다.** 훌륭하고 늠름하다는 말은 들었지만 본 적이 없기 때문이다.

그런데 이들이 혼전(婚前), <순례(巡禮) 여행>을 떠나게 되었다. 물론 서로가 모르는 상태로.

순례지에 도착하기까지 그들은 몇 번을 스치면서 만났으나, 처녀는 이 청년에 대해서 별다른 느낌을 가질 수가 없었다. 장래의 남편을 <알지> 못했기 때문이다.

그러다가 나중 나이 많은 한 친척(親戚)이 처녀를 청년에게 소개하고, 그가 곧 남편이 될 사람이라고 말했을 때, 처녀는 놀라고 기뻤다.

그녀는 이 청년이 전에 이미 **몇 번을 <스치면서 보았던>** 사람인 것을 <**알았다**[재인식했다].>

☯

똑같은 식으로, **실재(實在)**는 **프라탸비갸**[재인식] 체계에서 일어난다.

내가 어떤 상황[상태, 단계]에 있더라도 걱정하지 말라. 그 재인식의 순간은 올 것이다. 나는 신성이 될 뿐만 아니라, **이미 그것인 것을** 깨달을 것이다. 그 순간 나는 나 자신이 **주(主)**인 것을 깨닫는다. 그러나 우리는 그것을 알지 못한다. 우리 자신을 오해하고 있기 때문이다.

프라탸비갸 체계의 스승은, <나 자신>이 바로 <내가 만나기를 그토록 열망했던 **그**[신(神)]>라고, 그리고 아무 노력도 필요 없다고 일러준다.

그러므로 **아누파야**가 주된 것이다. 단지 스승의 은총(恩寵)이 **내가 곧 그**인 것을 깨닫게 하고, 내가 거기에 있게 한다.

<영적(靈的)인 복음서(福音書)>라는 요한복음에서 예수는 간곡(懇曲)히 말한다.

예수 그가 우리 즉 <나>에게서 떠나가는 것이 더 좋고, 또 예수 그가 <나>에게서 떠나야만 보혜사가 올 수 있다고······

그러나 우리는 <성경을 **믿지 않으므로**>, <예수의 말을 도무지 **믿지 않고, 따르지 않으므로**>, 예수를 내 마음에서 결코 떠나보내지 않는다.

그리고 <그런 것>을 – 예수를 결코 떠나보내지 않고, 예수를 붙잡고 마음에 모시고 사는 것을 – 구원 받은 <좋은 **신앙**>이라고 가르치고 있다.

교회(敎會)라는 세상은 참 요지경(瑤池鏡)이다.

보혜사(保惠師) 곧 성령(聖靈) 그가
너희에게 모든 것을 **가르치고**
내가 말한 모든 것을 **생각나게** 하리라.

The Counselor, the Holy Spirit, He
will **teach** you all things and
will **remind** you of everything I have said.

그때 - 예수가 떠나가고, 보혜사 곧 성령이 내게
왔을 때 - 성령이 **가르치고 생각나게** 함에 따라
우리는 <예수의 [난해(難解)했던] 말>을 이해할 수
있고, <성경의 말씀>을 "재인식(再認識)"할[깨달을]
수 있다.

<내가 지금까지 알고 있던 의미와는 전혀 다른
의미>로 말이다.

☯

재인식(再認識)은 단지 <이전(以前)에 알던 것을
다시 인식한다>는 의미가 아니다. <그런 식>으로만
알고 넘어가면, 이른바 영성은 나에게서 멀어져만
간다.

카시미르 쉐이비즘의 재인식은, 우리가 잘 아는
용어로는, 저 회광반조(回光返照)와 유사할 것이다.
프라카샤 비마르샤 마야를 말하고, 필자의 말로는
<**아는 자를 아는 일**>이다.

재인식(再認識)이란 <**생각(하는 것)을 생각하는(?)
일**>이다. <[지금 여기] 생각하(고 있)는 **이 무엇**>을
생각(生覺)하는 일이다.

이 무엇을 <**살아 있어서**[생(生)], 아주 **생생하게**>
<**깨닫고**[각(覺)], **알아채는** 일>이다.

117

우선 "재인식"이라는 말부터 재인식하기를……

카시미르에서는 소마난다가 이것을 소개하였고, 그의 제자가 웃팔라데바이고, 그 아래로 락쉬마나굽타가, 다시 그 아래로 아비나바굽타가 있다.

❂   ❂   ❂

자, 이제 <지금까지의 이런 예비지식>을 가지고 크세마라자가 말하는 저 <프라탸비갸의 세계>로 들어가 보자.

<인간 현상(現象)>의, 아니 <인간 경험(經驗)>의 최고봉(最高峰)이라는 프라탸비갸! 즉 <아는 자를 아는 일>의 세계로.

제 4 장

의식 (意識)

1. <절대 자유>
2. 의지 (意志)

카시미르 쉐이비즘[영성(靈性) 과학]에서 말하는 "의식 (意識)[Consciousness]"은……

마치 <하늘> 즉 저 <(무한의) 우주 공간>과 같다. 이 <의식의 하늘>에는 <수많은 생각의 구름들>이 피어난다. <욕망의 구름>과 <분노의 천둥>이 울고, 때로는 <직관의 번개>도 번쩍인다.

그리고 태양이란 <일상(낮)의 의식>이 사라지면, 우리는 <무의식(無意識)(밤)의 신비 속에서 별들의 속삭임>도 듣는다.

이 모든 것이 <저 우주 공간>에서 일어나듯이, 이 온 우주가 <의식["신(神)"]> 안에서 움직인다.

< 1 >

<절대 자유>인 의식이 우주 실현의 원인이다.

< 2 >

그 의지(意志)로 그 자신에게 우주를 펼친다.

< 3 >

그 다양함은 상응하는 <대상과 주체>의 분화

< 4 >

의식이 수축한 <아는 자>는
또한 <수축된 우주>다.

< 1 >
<절대 자유>인 의식이 우주 실현의 원인이다.

chitih svatantra vishva-siddhi-hetuh
치티 스와탄트라 비슈바-싯디-헤투

여기서 **우주**는 <사다쉬바에서 프리트비[흙(地)]
까지의 모든 **탓트와**[요소(要素), 원리]>를 말한다.
실제로, 그것이 우주다.

싯디는 <**실현**(實現), 성취(成就)>로, 우주의 현현
(顯現), 유지(維持), 소멸(消滅)을 말한다.

스리슈티[현현]는 <세상이 나타나는 것>을,

스티티[유지]는 <존재계의 지속>을,

삼하라[소멸]는 그 우주[세계]가 **<지고(至高)의
경험자(經驗者)** 안에서 쉬는 것>을 의미한다.

그렇게 되는 까닭은 <파라 샥티[지고의 힘]>, 즉
<[신성(神性)의] **의식**(意識)의 힘> 때문이다. 그것은
<**절대 자유**>의 **의지**(意志)이고, "비마르샤"로서,
쉬바와 다르지 않다.

스와탄트라는 **치티**를 꾸미는 형용사로, 그 자신
외에는 어떤 것에도 의존하지 않는 것을 말한다.
<절대적인>과 <자신의 자유 의지로>의 뜻이다.

치티는 <우주 의식의 힘(力)>으로, 여성명사다.

<칫[Chit, Cit]>이 주로 쉬바를 가리키고,

<치티[Chiti, Citi]>는 "그"의 샥티를 말하는데, 필자는 특별히 구별하지 않았다.

<칫타는[chitta]>는 <개체 의식>으로, 마음이라고 번역했다.

헤투는 원인(原因), 수단(手段)을 말한다.

의식이 우주의 원인이다.

치티 즉 궁극의 <의식의 힘>이 <눈을 뜸>으로 우주가 생겨나고, 존재계(存在界)로 지속되다가, <눈을 감을 때> 우주는 사라진다.

우리는 <나 자신의 경험으로> [분명하게 또 충분하게] 이런 일을 지켜볼 수 있다!

스판다 카리카는 말한다.

눈을 뜨고 감는 것으로
세계가 사라지고 나타나며

마야, 프라크리티 같은 것들은, <의식의 빛>과는 다른 것[으로 상정(想定)된 것]이기 때문에, 우주의 원인일 수가 없다. 그것들은 마치 <비(非)-존재>와

122

같다. 그러나 그것들이 나타나면, 그것들은 <**의식**의 빛>과 하나가 된다.

그러므로 <그 빛인 **의식**>이 홀로 그 **원인이다. 마야, 프라크리티** 등은 결코 어떤 원인도 아니다. 그러니 <[오히려, 의식에 의해] 생겨났고, 생명을 얻은 것들>인 **공간과 시간, 형태는 의식의 진정한 본성을 꿰뚫을 수 없다.**

의식은 [이미 그리고 항상] 편만(遍滿)하고, 영원(永遠)하고, 완전히 충만(充滿)하기 때문이다.

이것이 경문이 말하는 요점이다.

의식이 우주의 원인이다.

혹시 이런 생각이 떠오를지도 모른다.

"만약 <모든 것>이 의식이라면, 우주 그 자체는 <비-존재>가 아닌가? 아무것도 아닌 것이 아닌가? 그러나 우주는 의식과는 다르게 <있지> 않은가?

만약 우주가 의식과 다르지 않다면 - 그것들이 동일하다면 - 의식과 우주[세계]에서, <원인과 그 결과의 관계>는 어떤 것인가?"

인과관계에서, <결과가 그 원인 속에 이미 있는 것>을 인중유과론(因中有果論)이라고 한다. 의식이 우주의 원인이고, 우주가 그 원인과 다르지 않다면 어떻게 그 결과일 수 있는가? 결과는 그 원인과는 다른 것이어야 한다.

그 대답은 이렇다. - 빛나고, 절대적이고, <있는 그대로>인 <자유 의지>의 "(신성의) 의식(意識) <홀로> [칫-에와 바가바티]" <셀 수 없는 세계의 형태로> "번쩍인다."
이것이 여기 인과관계의 의미다. 그것은 <가장 높은 의미>에서 사용되었다.

<가장 높은 의미>의 인과관계라는 것은, [시간 속에서 일어나는] <계속적인 것>을 의미하지 않고, <[시간성(時間性)을 벗어난] 동시적(同時的)인 것>을 말한다. 의식의 "번쩍임"은 - 펄떡임, 박동(搏動), 스판다 - 우주의 동시적인 현현이다.

의식이 홀로 싯디 즉 우주의 현현이기 때문에 - 그 현현은 프라마트리[주체(主體) 혹은 <아는 자>], 프라마나[<지식(知識)>과 <그 지식의 수단(手段)>], 프라메야[대상(對象), <알려지는 것>]로 구성된다. - 어설픈 <증명(지식)의 수단[프라마나]>은 궁극의 의식을 증명하는 데는 맞지도 않고 또 적절하지도 않다! [이것을 잘 이해해야 한다.]

우리의 <증명의 수단>이라는 것은 기껏해야 그 기능이 새로운 **대상**을 빛으로 가져오는 것뿐이고,

의식은 항상 현존(現存)하는 것으로, 절대적이고, 제한이 없고, <자기조명적(自己照明的)인 것>이다.

트리카-사라는 말한다.

"[석양(夕陽)처럼 해가 긴 그림자를 드리울 때] 내 발로 <내 머리 그림자>를 밟으려고 해도 밟지 못하는 것처럼, 그것은 **바인다비 칼라**다."

바인다비는 <빈두의, 빈두에 속하는>의 뜻이다. 어근 vid[알다]에서 온 것으로, <**아는 자**>인 최고의 **의식**(意識)은 빈두로 알려져 있다.

칼라는 샥티를 의미한다.

바인다비 칼라는 <의식의 **아는 자**임의 힘>, 즉 <자기(自己) 의식[인식]의 힘>을 말한다.

여기서는 <**아는 자**>가 항상 **주체**(主體)로 있다는 것을 말한다. **결코 대상**(對象)**이 될 수 없다.**

발은 **프라마나**[<증명의 수단>]이고,

머리는 **프라마타**[<아는 자>]다.

<자신의 머리 그림자>를 밟으려는 것이 불가능한 것처럼, <여러 가지 지식의 수단들>로 <**아는 자**>를

알려는 것은 불가능하다.

그 <여러 가지 수단들>은 이미 그들의 근거를
<**아는 자**>에게 빚지고 있기 때문이다.

☯

의식이 우주 실현의 원인이기 때문에, 삼하라 즉
용해(溶解)도 포함된다. 삼하라 즉 철수(撤收)에서,
의식은 우주를 <**궁극의 실재**>와 <똑같은 것>으로
환원한다.

근저(根底)가 되는 **의식**은 우주의 알파와 오메가
둘 다이다. 그러므로 그것을 스와탄트라 즉 <**자유
의지(自由意志)**>라고 한다. 다른 어떤 것에도 의존
하지 않는다.

<**자유 의지**>를 재인식할 때, **의식**은 <우주 싯디
[즉 성취(成就)]>의 **원인이 된다.** 이 싯디는 [제한된
경험의 속박으로부터] 보가[향유(享有)의 경험]와
목샤[해방(解放)]의 본질이다. 경문은 이런 의미로
해석되어야 한다.

헤투는 또 **수단(手段)**의 의미도 있다.

우주 실현은 의식의 수단이다.

우주는 '푸르다' 같은 <외적 대상>과 '기쁨' 같은 <내적인 느낌>, 그리고 '몸' '프라나' 등의 <제한된 경험자>를 의미한다.

우주의 싯디[확립(確立), 만족(滿足)]는 <[의식의] 알아채는 일의 수단>이다.

이 **싯디**[성취(成就), 확립]는, **비마르샤**가 본성인 **참나** 속으로 융합(融合)하는 것으로 이루어진다.

프라마나 즉 지식으로 시작하여, **프라마타** 즉 **<아는 자>** 안에서 쉰다.

여기서 수단은 <쉬운 수단>이다.

비갸나 바이라바는 말한다.

깨달은 사람은 사물 속에서 실종되지 않는다.

"<대상과 주체에 대한 의식(意識)>은 모든 사람에게 공통이다. 그러나 **요기**[<깨달은 자>]는 <이런 관계>를 **알아채고 있다.**"

대상(對象)은 항상 주체(主體)와 관계하고 있다. <주체에 대한 이 관계>가 없다면, 대상 같은 그런 것은 없다. **요기**는 항상 <그 지켜보고 **알아채는 일**>을 의식하고 있다. 그로부터 주체는 일어나고, 그 안에서 마침내 쉰다.

치티가 단수(單數)로 된 것은 공간, 시간 등에서 제한이 없는 것을 나타내고, 이원론의 모든 이론이 비실재라는 것을 보여준다.

"스와탄트라"라는 말은 <그 최고의 힘이 **의식**의 핵심이다>는 것과, <**브라흐만** 교설과는 다르다>는 것을 강조하고 있다. [**샹카라**의 **베단타**는 의식이 <활동성이 없는 것>으로 여긴다.]

비슈바 등의 말은 **의식**이 제한되지 않는 힘이고, 모든 것을 일으킬 수 있고, 해방에서는 쉬운 방법이고, <그 자체가 끝>인 엄청난 상급(賞給)이라는 것을 선언한다!

<절대 자유>인 의식이 우주 실현의 원인이다.

칫 즉 **의식**(意識)은 홀로 현현(顯現)을 일으키는 힘이다. [<**샹카라**의 **베단타**>의] 마야와 [**상키야**의] **프라크리티**는 현현의 원인이 아니다.

의식은 주체와 대상, **프라마나**[<증명의 수단>]의 근원(根源)이기 때문에, 그것[근원]을 증명할 방법은 없다!

싯디는 다른 의미, 즉 **보가**[향유의 경험(經驗)]나 **목샤**[해탈(解脫), 해방]일지도 모른다. 그렇더라도 <궁극적인 신성의 **의식**>의 <**절대 자유**>가 그 원인이다.

의식이 경험(經驗)의 원인이다!
의식이 해방(解放)의 원인이다!

헤투는 <수단(手段)>의 뜻도 있다고 했다. 그래서 의식은 개아가 [최고의] <**우주 의식**>이 되는 수단이기도 하다. 거기에서 그는 <**신성(神性)의 의식**>과 동일시된다.

의식이 신성(神性) 실현의 수단이다.

"치티"가 단수인 것은 **의식**이 시간과 공간 등에 전혀 제한받지 않는 것이라고 했다. 그것을 "스와탄트라"라고 하며, **의식**이 마야 등의 도움이 없이 <**홀로**> 우주를 현현하는 힘을 갖고 있다는 것을 말한다.

그러므로 **의식**은
<우주 현현의 원인(原因)>이고,
<**쉬바까지 오르는 수단(手段)**>이고,
<**[인간이 성취해야 할] 최고의 목표(目標)**>다.

이 경문이 이 책 전체의 핵심이다.

<**의식(意識)**>이 **마지막 목표(目標)다!!!**

☯

　만약 **의식이 우주의 원인**이라면, 이렇게 명백히 다양한 우주를 일으키기 위해서는 <물질적인 원인> 등을 전제(前提)해야 하고, 그러면 이원론(二元論)이 등장하지 않을 수 없다. 이런 것을 위해……

< 2 >

그 의지(意志)로 그 자신에게 우주를 펼친다.

svecchaya svabhittau vishvam unmilayati
스벳차야 스와빗타우 비슈밤 운밀라야티

의식은 그 자신의 <자유 의지의 힘>으로 우주를
창조한다. 어떤 <외부의 원인>이 있어서가 아니다.
우주는 이미 의식 안에 암묵적으로 내재(內在)하고
있다. 의식은 그것을 바깥으로 명백하게 한다.

스벳차야는 <그 [자신의] 의지(意志)[의 힘으]로>
의 뜻이다. [<브라흐만 교설> 등처럼 <다른 어떤
것>의 원인이 아니다!]
<그 의지의 힘으로>는 <외부의 물질적인 원인의
수단>이 아닌, <그의 힘 홀로> 우주를 일으킨 것을
말한다.
<물질적인 원인> 등의 전제(前提)에 대해, 만약
전술(前述)한 <절대적인 자유 의지>가 의식에 있지
않다면, 그 <의식성(意識性)>이라는 것은 가능하지
않다. <의식>과 <자유 의지>는 분리할 수 없다!
그것이 인도에서 <쉬바-샥티>가 <한 몸>인 것을
나타내는 아르다나리슈와라가 있는 이유다.

스와빗타우는 <그 자신[의 스크린 위]에>, 다른
어떤 곳이 아닌, <그 근저(根底)로, 밑바탕으로서
그 자신[실체(實體), substratum]에게>의 뜻이다.
그는 앞에서 정의(定義)한 우주를 펼친다. 사다쉬바
에서 프리트비까지.

마치 <거울 속의 도시(都市)처럼> 말이다. 그것은
다르지 않지만 다른 것으로 나타난다.
사실, <거울 속에서 보이는 도시>는 <거울>과는
다른 것이 아무것도 없지만, <다른 (어떤) 것>으로
보이듯이, <의식 안에 나타난 우주>는 (의식과는)
다르게 보일지라도, 다른 것이 아무것도 없다.
[<거울 속의 도시>!!! 이 비유(比喩)는 확실하게
잘 이해해야 한다! <거울의 비유>는 다양하다.]

운밀라나는 <이미 암묵적(暗黙的)으로 있던 것을
단지 분명(分明)하게 만드는 것>을 의미한다.
이것은 <의식(意識) 안에서, 우주[라는 존재계]는
의식의 빛과 동일하다>는 것을 말한다.

이제 <우주의 성격>을 분명하고 명확하게 하기
위해, <분석(分析)의 수단>으로……

< 3 >

그 다양함은 상응하는 <대상과 주체>의 분화

tan nana anurupa-grahya-grahaka-bhedat
탄 나나 아누루파-그라햐-그라하카-베닷

탓[그것]은 <우주>를, 나나는 <다양(多樣)한>을 의미한다. 왜 다양한가? **상응(相應)하는**[아누루파] **<대상(對象)**[그라햐]**과 주체(主體)**[그라하카]>들의 **분화(分化)**[베다] 때문이다.

우주는, <경험(하는) 자[**주체**]>와 <그 경험되는 **대상**>의 다양성 때문에, 다양한 것으로 나타난다.

<대상과 주체>의 상응(相應) 혹은 일치(一致)는 다음과 같다. [이를 <일곱[7종(種)] 주체론>이라고 하며, 『쉬바 수트라』에서 약간 다룬 바 있다.]

(1) <**사다쉬바 탓트와 수준**>에서는, 우주 전체가 <나는 이것이다>의 경험이지만, <나>라는 의식이 더 현저하고 <이것[우주]>에 대한 의식은 뚜렷하지 않다.

<이런 의식 수준에 오른 경험자>를 "만트라-마헤슈와라"라고 하며, **의지(意志)**[잇차]가 우세하다.

(2) <이슈와라 탓트와 수준>에서는, 우주 전체가 <나는 이것이다>의 경험이지만, <나>와 <이것>에 대한 의식이 동등하다. 우주[대상]는 구별되지만 나[주체]와 같은 것이다.

<이 수준에 이른 경험자>를 "만트레슈와라"라고 하며, **지식 (知識)[갸나]**이 우세하다.

(3) <슛다 비디아 탓트와 수준>에서, 우주 전체는 <나>와 다른 것으로 경험된다. **베다-아베다**, 즉 <단일성 속의 다양성>이라고 해도 다양성의 경험이 있다. 거기에는 다양성으로 구성된 한 우주가 있다. 그리고 그것이 나이다.

<이 수준에 이른 경험자>를 "만트라"라고 하며, **행위 (行爲)[크리야]**가 우세하다.

사다쉬바, 이슈와라, 슛다 비디아의 경험자를 <비디아 프라마타>라고 한다.

☯

(4) <**슛다 비디아** 아래, **마야** 위의 단계>는 <마하 마야>라고도 하는데, "비갸나칼라"의 단계다.

그의 경험의 영역은 <순수한 의식>과 **프랄라야 칼라**와 **사칼라**의 경험을 포함한다.

(5) <마야 탓트와의 수준>에서는, 경험자가 <나>에 대한 명백한 의식도, <이것>에 대한 명백한 의식도 없다. 그러므로 **그의 의식은 실제적으로 "공(空)의 경험"**으로, <무감각(無感覺)한> 것이다!

"프랄라야칼라[혹은 순야-프라마타]"라고 한다.

(6) <마야 탓트와 아래의 프리트비까지>에서, 모든 것에서 다양성을 경험하는 자가 "**사칼라**"다. <보통 사람들>의 경우가 이 단계에 속한다.

모든 것이 다르고, 제한되고, 경험의 영역은 제한되고, 그들 자신과는 다른 것이다.

비갸나칼라, 프랄라야칼라[혹은 순야-프라마타], 사칼라를 <마야 프라마타>라고 한다.

다음에 나올 6절은 말한다.

마음으로 된 것이 마야 프라마타

☯

(7) <쉬바 탓트와 수준>에서는, 모든 현현을 초월한다. **만트라마헤슈와라**에서 **사칼라**까지의 모든 경험자를 초월하고, **프라카샤**의 상태만 가진다.

그의 경험은 **사다쉬바**에서 **프리트비**까지의 모든 것과 동일성을 느끼며, 실제로 그 상태에서는 다른 어떤 <주체[그라하카]>도 <대상[그라햐]>도 없다. <지고의 지복(至福)>이고 <**프라카샤의 덩어리**>로, <**우주 전체에 "번쩍이는" 것**>이 쉬바다.

다시 말해서, "**파라마-쉬바**"는 우주를 초월하고 또 우주 그 자체이다.

2 다양함은 상응하는 <대상과 주체>의 분화

"상응하는 <대상과 주체(主體)>의 분화"에서 <"**일곱 주체**"론(主體論)>은 카시미르 쉐이비즘이 강조하는 핵심 중 하나이므로, <**나는 어떤 주체로 살아가고 있는지**>는 늘 점검할 사항이다.

나는 혹 <수레[마차(馬車), **육체**]>로만 살아가고 있지는 않은지…… 아니면 <말(馬)[**감각**]>이나 <말 고삐[**마음**]>로……

가끔은 <마부(馬夫)[**지혜**]>인 것도 같지만, <주인(主人)[**의식**]>은 있는지 없는지……

쉬바 즉 **의식**(意識)이 <우주 전체>를 <그의 몸>으로 가지듯이……

< 4 >

의식이 수축한 <아는 자>는
또한 <수축된 우주>다.

chiti-sankocha-atma chetanah
api sankuchita-vishva-mayah
치티-상코차-아트마 체타나
아피 상쿠치타-비슈바-마야

쉬바[의식(意識)]는 수축(收縮)하여, 우주[대상]와
<우주의 경험자[주체]> 즉 <아는 자>가 된다.
<이런 지식(知識)[앎]>이 해방을 준다.

<우주로 현현하기를 열망하는 쉬바>는 - 우주는
그 자신과 동일한 것으로 그 안에 있다. 처음에는
사다쉬바 등의 형태로 <의식의 빛>과 다르지 않게
번쩍이지만 단일성만의 경험은 아니다. [그럼에도
우주는 의식과 동일시된다.]
그런 상태에서는 "아나슈리타 쉬바"가 유일한
다른 이름이다. - 공(空)[순야] 자체보다 (아직) 더
공한 것이다. 어떤 대상적인 현현의 견지에서는 말
이다.

"아나슈리타 쉬바"에서 아나슈리타는 <어떤 것과도 관계가 없는>을 말한다.

<샥티 탓트와 아래이고 사다쉬바 탓트와 위의 상태>다. 이것은 마하마야처럼 "탓트와"가 아닌 <어떤 상태>이다.

쉬바-샥티가 자신에게 베일을 가리기 시작하여, 우주는 자신으로부터 고립되고, 이제 무명(無明) 즉 아캬티[무지(無知)]가 생기는 상태를 말한다.

참나의 완전한 경험은 "<나>와 <이것[우주]>은 <하나>다!"라는 것이다.

이 경험을 잃을 때, <모든 것은 세상[속박]>이고, 이 경험을 <다시 얻을[재인식할]> 때, <모든 것은 - 참나의 완전한 경험이 - 해방>이다.

의식이 수축한 <아는 자>는
또한 <수축된 우주>다.

그다음 쉬바는 그 자신을 현현의 전체성 안에서 펼친다. 부와나[세계], 탓트와, 바와[존재, 칼라], 그리고 그들 각각의 <경험자[프라마타]>로 말이다. 그러나 그것들은 <의식의 수축한 형태>일 뿐이다.

쉬바가 <우주>라는 몸을 갖듯이, 개체의 경험자[<아는 자>] 또한 의식이 수축되어, 수축된 형태로

<우주 전체의 몸>을 – **<수축된 우주>**를 – 갖는다.
마치 우람한 **반얀** 나무도 <수축된 형태로[잠재성
으로]> 그 씨앗 안에 들어 있(었)듯이……

샤이바 싯단타는 그들의 교설에서 말한다.

"<하나의 몸으로 그 육화(肉化)된 것>은 실제로
<모든 몸과 또 그 육화된 것>을 포함한다."

트리쉬로마타도 주제 혹은 자아는 수축된 형태로
우주가 된다고 선언한다.

"<몸>은 모든 신(神)들의 형상이다.
　그대여, 지금 그것에 대해 들어라.
　견고성(堅固性) 때문에 <땅>이라 부르고,
　유동성(流動性) 때문에 <물>이라 부른다.

　<세 개의 머리를 가진 바이라바>가
　사람 안에 현존(現存)하고,
　우주 전체에 편만(遍滿)하다."

<세 개의 머리를 가진 바이라바>는 **신성의 <세
가지 샥티>**를 말한다. 이것이 카시미르 쉐이비즘을
<트리카 철학>이라고 부르는 이유다.

1) <**파라**>는 <**쉬바**와 **샥티** 사이에 어떤 구분도 없는 상태>, <완전한 단일성(單一性)의 상태>다.

2) <**파라-아파라**>는 <단일성 안의 구별이 있는 상태>다.

3) <**아파라**>는 <완전한 다양성(多樣性)이 있는 상태>다.

의식이 수축한 <아는 자>는
또한 <수축된 우주>다.

<**아는 자**>는 - <경험자> 혹은 주체는 - **쉬바**와 동일하다. **쉬바**의 몸은 우주다. **의식**의 빛이 그의 진정한 본성이기 때문이다. 위에 언급한 **아가마**도 그렇게 말한다.

오로지 그의 **마야 샥티** 때문에 그 <경험자>는 수축된 것으로 나타난다. 그렇지만 <**수축(收縮)**>도, 잘 생각해 보면, 단지 **의식** 즉 **칫**으로만 구성된다. 그것은 <**칫**의 본성(本性)>일 때만 나타난다.

그렇지 않으면 - <**의식**의 본성>일 때만 나타날 수 있다. 만약 수축이란 것이 **의식**의 본성이 아니어서, 나타나는 것이 없다면 - 그것은 <아무것도 아닌 것>이 된다. 그러므로 **모든 주체** 즉 <**아는 자**>는 <몸이 우주인 **쉬바**>와 **동일하다.**

크세마라자는 말한다.

"만약 **아캬티** 즉 무지(無知)를 <결코 나타나지 않는 것>, <도무지 경험(經驗)되지 않는 것>이라고 한다면, 그때는 <나타나는 것> 혹은 <경험되는 것> 즉 지식(知識)만이 홀로 남는다.

만약 **아캬티** 즉 <알지 못하는 것>은 어떤 형태로든 나타나지 않고 또 경험되지 않는다고 한다면, 그때는 확실히 <아는 일의 본성인 것>, 지식(知識) 즉 <앎>만 홀로 남는다."

이런 의도로써, 스판다 카리카에서 **바수굽타**는 <개체적 경험자[지바]>와 <우주적 경험자[쉬바]>는 같은 것이라고 말한다.

지바는 우주(宇宙)와 동일하고,
......
그러므로 말이든 대상이든 생각이든
<쉬바가 아닌 상태>는 없다.

<이런 진리의 지식>을 가질 때 우리는 해방되고, <이런 진리의 지식>을 가지지 못할 때 우리는 속박되는 것이다. 나중에 더 명확해질 것이다.

이런 생각(의문)도 있을 것이다.

"(보통 사람들의) 주체 혹은 경험자는 **비칼파** 즉 생각이 그 본성이고, **비칼파**는 **칫타** 즉 마음 때문이다. 마음 즉 <주체의 본성이 되는 것>이 (거기에) 있는데, 어떻게 그가 <쉬바의 본성>이 될 수 있겠는가?"

- "사람은 많은 생각을 한다. 그것은 마음이 있기 때문이다. 마음의 본성이 <생각하는 일>인데, 우리에게 <마음>이 있는 한, 어떻게 **니르-비칼파** 즉 <생각이 없는 상태>인 **쉬바**가 될 수 있겠는가?" -

이런 의문, <**칫타** 즉 **마음**이라는 대도(大盜)>를 잠재우기 위해……

제 5 장

마음

< 5 >
의식은 체타나의 단계에서 하강하여
그 대상을 따라 수축하여 마음이 된다.

< 6 >
마음으로 된 것이 마야 프라마타

< 7 >
의식은 <하나>지만 <둘의 형태>, <셋의 구성>,
<넷의 나>, <35 탓트와>가 된다.

< 8 >
그 역할로, 모든 <철학 이론>의 위치가

< 5 >

의식은 체타나의 단계에서 하강하여
그 대상을 따라 수축하여 마음이 된다.

chitir eva chetana-padad avarudha
chetya-sankochini chittam
치티르 에와 체타나-파닷 아바루다
체탸-상코치니 칫탐

　<우주 의식>은 제한(制限)[하강 혹은 외향]을 떠
맡음으로 <개체 의식> 즉 마음이 된다.

　그리고 <(우주) 의식>의 갸나, 크리야, 마야는
마음[물질]에서는 삿트와, 라자스, 타마스가 된다.

　칫타 즉 <마음>, <개체 의식>은 다른 어떤 것도
아니다. 칫 즉 <의식>, <우주 의식> 그 자체다.

　이제 자신의 진정한 본성을 감춘 칫 즉 의식이
수축(收縮)[제한, 하강(下降) 혹은 외향]할 때, 그때
그 <수축의 과정>에서 <의식이 우세(優勢)할 때>와
<의식의 수축과 제한이 우세할 때>가 있다.

(1) 의식이 우세할 때,

(1-1) 비마르샤 없이 프라카샤만 현저한 경우,
　　　그 경험자[프라마타]는 <비갸나칼라>다.

　　<비갸나칼라>는 <슛다 비디아 아래, 마야 위의
단계에 있는 경험자>다. 그는 행위는 없고, 순수한
<알아채는 일>만 있다.
　　그의 경험의 영역은 프랄라야칼라와 사칼라로
이루어진다. 그는 경험의 영역과 동일성을 가진다.
　　마이야 말라와 카르마 말라에서는 자유롭지만,
아직 아나바 말라에는 종속되어 있다.

(1-2) 프라카샤와 비마르샤 둘 다 현저한 경우,
　　　그 경험자는 <비디아 프라마타>다.

　　이런 중에도, 의식의 수축과 제한이 점차로 감소
되어, 이슈와라, 사다쉬바, 또 아나슈리타-쉬바의
단계가 있다.

　　그래서 의식이 현저할 때, 명상[사마디]의 효과를
통해 얻는 <순수한 길에서의 경험자(아는 자)[슛다
드와 프라마타]의 상태>는 점차 더 높은 수준으로
나아간다.

여기서 <순수한 길>은 **슛다 비디아, 이슈와라, 사다쉬바, 쉬바**를 말하고, **만트라, 만트레슈와라, 만트라-마헤슈와라** 등은 <순수한 길에서의 경험자 (**아는 자**)>다.

의식이 우세한 것은 <**비디아 프라마타**>와 <**슛다 드와 프라마타**[순수한 길에서의 경험자]>가 같다. 그러나 전자는 자연적으로 일어난 일이고, 후자는 명상의 효과를 통해 얻는다.

(2) 의식의 수축과 제한이 현저할 때,

<**공(空)**[순야] 등을 경험하는 아는 자>의 상태가 일어난다. **순야 프라마타**로, **사칼라**를 포함한다.
[**순야 프라마타**는 **카르마 말라**에는 자유롭지만 **아나바 말라**와 **마이야 말라**에 매여 있고, **사칼라 프라마타**는 모든 **말라**에 매여 있다.]

이 위치가 되면, **의식은** <제한된 주체의 형태>로 **체타나의 단계에서 하강(下降)하여**, 이해하는 대상 쪽으로 배치(配置)된다.
'푸르다' 같은 <외적인 대상>이나 '기쁨' 같은 <내적인 대상>, 아니면 <외적인 대상>과 <내적인 대상> 모두에 의해 – **그**[의식의] **대상**에 의해 제한되어[**수축하여**], 칫타 즉 <개인 의식> 혹은 **마음이 된다.**

그래서 **이슈와라-프라탸비갸**는 말한다.

"**쉬바**의 **갸나, 크리야**, 또 <제 3의 힘> **마야**는, **파슈** 즉 **지바**에서는 <**삿트와, 라자스, 타마스**로> - **쉬바** 자신의 수족(手足)과 같은 대상적 실재로서 - 나타난다.
<**절대 자유**이면서, **갸나, 크리야, 마야**의 힘을 갖는 **의식**>은 제한(制限)이 과잉되어, <그 성격이 **삿트와, 라자스, 타마스**인 **파슈** 즉 **칫타[마음]**>로 나타난다."

쉬바의 경우 **갸나**인 것이 **지바**에서는 **삿트와**로, **크리야**는 **라자스**로, **마야**는 **타마스**로 나타난다는 것이다.

삿트와, 라자스, 타마스는 **프라크리티**[즉 물질 (**마음**)]의 세 가지 중요한 **구나**[성질]이다.
삿트와는 조화(調和), 선(善), 깨달음, 기쁨을,
라자스는 움직임, 활동, 괴로움, 동요(動搖)를,
타마스는 무기력(無氣力), 둔함, 무관심(無關心)을 나타낸다.

의식은 체타나의 단계에서 하강하여
그 대상을 따라 수축하여 마음이 된다.

마음 즉 <개체 의식>은, <비칼파의 상태>에서도
<**궁극의 실재**>의 본성을 갖고 있기 때문에, 그것을
추구하려는 시각에서, **탓트와-가르바-스토트라**라는 말
한다.

"<**궁극의 진리**>를 추구하는 자는, 그의 내밀한
본성의 자기조명적(自己照明的) 성격이 (어떤 상황
에서도) 결코 사라지지 않는다."

그리고 성경도 말한다.

<감추어진 것>이 드러나지 않을 것이 없고
<숨은 것>이 나타나지 않을 것이 없느니라.

<**칫타** 즉 **마음**이 홀로 **마야 프라마타**의 진정한
본성>이라는 사실에서……

< 6 >
마음으로 된 것이 마야 프라마타

tanmayo maya-pramata
탄마요 마야-프라마타

마야 프라마타 또한 "**마음**"일 뿐이다.

탓[그것]은 **칫타** 즉 **마음**[개체 의식]을 말한다.

칫타 즉 **마음은 <삶과 몸의 영역>에서 탁월하다.**
<공(空)의 영역>도 마음의 **삼스카라**[인상(印象)]로
구성된다.
그렇지 않으면, (<공(空)의 경험>에서부터) 깨어난
[돌아온] 사람은 자신의 [일상의] 의무(義務)와 삶을
따를 수 없을 것이다.

그러므로 **마야 프라마타**는 **칫타**만으로 구성된다.
이런 취지(趣旨)에서, **쉬바 수트라**는 **실재(實在)**를
논의하면서 "**차이탄얌 아트마**[**의식이 나다**]."라고
하면서도, 마야 프라마타의 성격을 논의하는 경우
에는 "**아트마 칫탐**[**나는 마음이다**]."이라고 하는
것이다.

묵티 혹은 해방이 단지 <자신의 진정한 본성>에 대한 <올바른 **지식(知識)**>으로 가능하기 때문에,

그리고 **삼사라** 즉 윤회전생(輪回轉生)은 <바르지 못한 **지식(知識)**>에 기인하기 때문에,

<자신의 진정한 본성>을 분석하여 **아는 것**이……

☯   ☯   ☯

참고로, <안다>는 것이 무엇인지 약간 다루자.

지식(知識) 즉 <**안다**>는 것은, 잘 <아는> 대로, <**경험**(經驗)>을 말한다.

유명한 예(例)로, 처녀(處女) 마리아에게, 천사가 [그리스도라는 영성의] 임신(姙娠) 사실을 알리자, 그녀는 말한다.

"나는 사내를 <**알지**> 못하니, 어찌 <이 일>이 있으리이까?"

무릇 <**종교적 경험**(宗敎的經驗)>이란 <**아는 것**> 즉 <합일(合一)의 체험>을 말한다.

< 7 >

의식은 <하나>지만 <둘의 형태>, <셋의 구성>,
<넷의 나>, <35 탓트와>가 된다.

sa chaiko dvi-rupas tri-mayas
chatur-atma sapta-panchaka-svabhavah
사 차이코 드비-루파스 트리-마야스
차투르-아트마 삽타-판차카-스와바와

도덕경(道德經)은 말한다.

道生一(도생일)	도가 <하나>를 낳고
一生二(일생이)	<하나>가 <둘>을 낳고
二生三(이생삼)	<둘>이 <셋>을 낳고
三生萬物(삼생만물)	<셋>이 만물을 낳는다

의식이 본성인, 쉬바[도(道)]만이 <유일(唯一)의
아트마> 즉 <우주 영혼>이고 다른 것은 없다. 도는
하나다!
의식(의 빛)은 시간, 공간으로 나누어질 수 없고,
또 <생기(生氣) 없는 것>은 - <의식, 인식, 지각,
감각이 없는 것>은 - <경험의 대상>일 수는 있어도
<경험의 주체>일 수는 없다.

의식(意識)은 <쉬바 그 자신>으로[<하나>지만],
<자유 의지>로 제한(制限)을 떠맡고, 제한된 대상의
경험자의 상태를 떠맡는다.

그래서 그것은 <둘의 형태>가 된다. 즉 현현자
(顯現者)[<의식의 빛>]와 <제한된 현현(顯現)>으로.

다른 말로, <경험자[주체(主體)]>와 <그 경험의
대상(對象)>으로 <둘의 형태>를 떠맡는다.

그 경험자는 아나바 말라, 마이야 말라, 카르마
말라로 덮여 있어, <셋의 구성[마야]>이다.

그것은 또한 1) 순야[공(空)], 2) 프라나, 3) 푸랴
슈타카[<미묘한 몸>, 마음]와 4) <거친 몸[육체]>의
본성을 떠맡아 <넷의 나>가 된다.

<순야 프라마타> 혹은 <프랄라야 케발리>는 그
<경험의 영역>이 공(空)이다.

푸랴슈타카는 <8 도시>란 뜻으로, 5 탄마트라와
붓디, 아함카라, 마나스로 구성되고, 삼스카라의
저장고가 된다.

그리고 <일곱(종류)의 다섯>이 된다. 이것은 쉬바
에서 프리트비까지의 <35 탓트와>를 말한다.

카시미르 쉐이비즘에서는 원래 36 탓트와지만,
마야가 곧 칼라, 비디아, 라가, 카알라, 니야티를

말하므로, **크세마라자**는 **마야**를 <36 **탓트와**>에서 빼버렸다.

만약 **삽타**[일곱]와 **판차**[다섯]를 분리해 읽으면, **의식**은 **쉬바**에서 **사칼라**까지의 <일곱 경험자>가 되고, [<일곱 경험자> 즉 <7종(種) 주체론>은 3절 **그 다양함은 상응하는 <대상과 주체>의 분화**의 설명을 참조하라.]

그것의 핵심적 본성은 **칫, 아난다, 잇차, 갸나, 크리야**의 <다섯 가지 힘(力)>이고,

그것은 **아캬티**[무명(無明)] 때문에, 다시 **칼라, 비디아, 라가, 카알라, 니야티**라는 유명한 <다섯 가지 덮개>가 된다.

단지 **유일**(唯一)의 <하나님>인 <하나>의 **실재**가 <35 **탓트와**>, <일곱 경험자>, <다섯 가지 힘>이 된 것을 재인식(再認識)할 때, 오직 그때만 <영적인 자유자>가 된다.

그렇지 않을 때 - 재확인(再確認) 같은 나름의 경험이 없을 때 - 그것이 곧 **삼사라**의 원인이다.

그러므로……

< 8 >
그 역할로, 모든 <철학 이론>의 위치가

tad-bhumikah sarva-darshana-sthitayah
탓-부미카 사르와-다르샤나-스티타야

여러 가지 <종교 철학>이 있는 것은, 말하자면, 배우가 자신의 배역(配役)을 받아들이듯이, **하나**의 **참나**[아트마, 쉬바]가 떠맡은 **역할**(役割) 때문이다.

쉬바 수트라는 말한다.

배우(俳優)**는 나**
나르타카 아트마　[*나르타카 : 무희(舞姬)]

[(내가 지금 따르고 있는) <종교 철학>과 <지금의 나>(의 신념과 사상 등)의 **위치**(位置)는,
　<제 1 장 세계 종교(宗敎)의 이해>
　<제 2 장 인도 <영성 철학>의 대략>
　<제 3 장 **카시미르 쉐이비즘**의 수행 체계>
등을 들추든지 하면서, 나름 찬찬히 - 다른 이에게 말하기 위해서가 아니라 - 찾아보기 바란다.]
　여기서는 단지 **크세마라자**의 주석을 요약한다.

(1) <차르바카[즉 유물론자(唯物論者)]>는 **참나를** <(의식이 그 특징인) 몸>으로 **여긴다.**

[유물론자를 <멀리 있는, 어떤 다른 사람>으로 생각하지 말라. 우리가 (무의식적으로라도) "나는 (늙어) 죽는다."고 여긴다면, 그것이 곧 유물론자다. 이하(以下) 같다.]

(2) <냐야와 바이셰시카>는 세속적인 상황에서는, **붓디를 참나로** 여긴다.

붓디는 지식의 <직관적인 기능[지성(知性)]>으로, 지식과 다른 특질의 근저(根底)다.

<해방의 상황>에서 **붓디**가 사라졌을 때, 그들은 **공(空)**을 **참나로** 여긴다.

(3) <미망사> 또한 실제로 **붓디를 참나로** 여긴다.

그들은 **우파디스로**[즉 <기쁨과 고통의, 제한하는 조건들>로] 덮인 '나'의 인식(認識)에서 알려진 것을 **참나로** 여긴다.

(4) <수가타[불교도]>는 <붓디의 기능>을 **참나로** 여긴다.

근본 실체[원리]는 단지 <인지(認知)[기억(記憶)]의 연속체>일 뿐이라고 주장한다.

(5) <베단타의 어떤 부류>는 <프라나> 즉 <생명 에너지>, <생명 원리>를 **참나**로 여긴다.

(6) <베단타의 다른 부류>와 <불교의 **마드야마카** [중관론(中觀論)]>는 <**아바와**> 즉 <비(非)-존재>를 **참나**로 여긴다.

베다 옹호자인 **브라흐마바딘**들은 **우파니샤드**의 "이 모든 것은 <비-존재>에서 나왔다."는 견해에서 그것을 근본 원리로 여긴다.

그런 <**순야**> 즉 그 <**공(空)**>의 입장을 수용하고, 그 안에 머무른다.

(7) <**판차라트라**>는 주(主) **바수데바**가 <최고의 원인[프라크리티]>이라고 믿는다.

비슈누 종파(宗派)인 그들은, 개개의 영혼은 주의 불꽃과 같아서, 최고의 원인의 변형을 떠맡는다고 믿으며, <미현현(未顯現)[**아뱍타**]>에 매달린다.

(8) <**상키야**>와 <그런 유사한 견해>는 실제적으로 **비갸나칼라**의 위치를 수용한다.

(9) <**베단타의 일부**>는, **우파니샤드**의 "태초에는 <존재>만이 홀로 있었다."는 견해에서, **이슈와라**를 최고의 원리로 받아들인다.

(10) <문법학파(文法學派)>는 **파쉬얀티** 혹은 **사다쉬바**를 최고의 실재로 여긴다.

  파쉬얀티 형태의 <**샤브다 브라흐만**>을 **아트만** 원리로 여긴다.

  이처럼 <다른 [종교] **철학 이론**>의 교설은 단지 <카시미르 쉐이비즘의 일부>를 묘사하는 것으로 볼 수 있다.

  이것은 **아가마**[카시미르 경전]도 말하는 것이다.

  "불교도(佛敎徒)는 **붓디**에 만족하고,
   자이나교도는 **구나**에,
   베단타는 **푸루샤**에,
   비슈누는 **아뱍타**에."

  다음은 <카시미르 쉐이비즘>에 속하는 것이다.

(11) <탄트라 수행자> 즉 <**탄트리카**>는 <**아트만**이 우주를 초월(超越)한다>고 여긴다.

(12) <**카울라**>에서는 우주를 **아트만**으로 여긴다.

  <**쿨라**의 신성한 문서와 결혼한 이>는 <**아트만**이 우주 안에 잠겼다[내재(內在)한다]>고 한다.

(13) <트리카 철학[스판다와 프라탸비갸 체계]>은 <아트만은 우주에 내재하고 또 초월한다>고 한다.

(의식이 그 핵심인) <하나의 신성>이, 그의 절대 의지로써, 이 모든 역할(役割)을 펼치고 있다.

역할이 다양한 것은 여러 단계(段階) 때문이다. 그 안에서 절대 자유의 의지는 자신을 나타내거나 감추는 일을 선택한다. 그러므로 하나의 아트만이 단지 이 모든 역할에 편재(遍在)하는 것이다.

그러나 <시야(視野)가 제한된 사람들>은 자신을 그 제한된 단계와 동일시하게 된다.

이전 경험자들의 <잘못된 개념[이론]의 이유>가 <몸, 마음 등과의 동일시(同一視)에 있었다>는 것이 명백해졌을 때조차도, 그들은 <아트만 즉 궁극의 실재는 우주에 내재(內在)하고 초월(超越)한다>는 것을 이해할 수 없다.

<지고의 샥티> 즉 <신(神)의 은총>이 그들 위에 내리지 않는다면……

스왓찬다 탄트라는 말한다.

"마음이 <비디아의 물감으로, (그 잘난) 지식의 물감으로> 온통 물든 자들은 <전지(全知)한, 진짜

지식이 가득한, 지고의 신(神)>을 알지 못한다."

해방이 없는 곳에서 해방을 열망하며, 다른 영성 철학을 헤매는 것은 오로지 **마야** 때문이다. 그들의 <영성 훈련 방법>과 <경전>은 해방을 줄 수 없다.

네트라 탄트라는 말한다.

"<제한된 것들[몸, 마음, **붓디** 등]>을
  <참 자신[**참나**]>으로 여기는 자들은
  <**쉬바**의 최고의 상태>에 도달할 수 없다."

❧   ❧   ❧

그 역할로, 모든 <철학 이론>의 위치가
탓-부미카 사르와-다르샤나-스티타야

이 경문은 다르게 해석할 수도 있다.

다르샤나를 <철학 체계>가 아닌, <지식>으로,
스티티는 <단계>가 아닌, <내적인 정지>로,
부미카는 <역할>이 아닌, <수단(手段)>으로.

그러면 경문은 이렇게 된다.

**모든 (경험적인) 지식의 <내적인 정지>는
<그것>의** (본성을 나타내는) **수단이 된다.**

'푸르다' 등의 <외적 경험>과 '기쁨' 등의 <내적 경험>의 **모든 (경험적인) 지식의 <내적인 정지>는
<그것>의** (본성을 나타내는) **수단이 된다.**
<그것>은 <의식의 본성>이고 <지복의 덩어리>인 **쉬바**를 가리킨다.

<(의식의) 외적인 형태>가 <(아는 자의) 본성>에 쉴 때마다, 거기에는 <외적인 것의 정지[삼하라]>가 일어나, <내적인 평화의 상태>에 쉬게 된다. 그다음 다시 일어날 여러 경험의 연속이 시작된다.

그렇게 이 굉장한 <투리야 의식>은 - 그 본성이 방사, 유지, 흡수로 **끊임없이 번쩍거리는데**, 이제 여러 창조된 사물을 방사하고 있고, 이제 그것들을 또 끌어들이고 있다. - [그러니] 항상 여위어[고갈되어] 있고 또 항상 풍성하다.

슈리 프라탸비갸-티카는 말한다.

"대상들을 흡수(吸收)할 때
  샥티는 (그 본성 안에서) 번쩍이고
  그렇게 그녀는 충만(充滿)하다."

공간(空間)과 시간(時間), 대상(對象)들은 **투리야**
에서는 흡수되고(삼켜지고), <**나-의식**>만 남는다.

<점점 더 많이 의지하게 되는 이 굉장한 힘>은
귀의자(歸依者)들을 한 단계, 한 단계 <그녀 자신의
것>으로 만든다.

이런 생각(의문)도 든다.

"(앞에서 말한) <그런 위대한 **아트만**>이 어떻게
말라로 덮이고, **칼라** 등의 **칸추카**로 둘러싸인 **아누**
[지바]가 되어 윤회자(輪廻者)가 되는가?"

제 6 장

무지 (無知)

< 9 >

<의식인 그것>은, 샥티의 제한으로,

말라에 덮인 윤회자가 된다.

< 10 >

여기서도 쉬바처럼 <다섯 행위>를 한다.

< 11 >

<나타남>, <즐김>, <알아챔>, <씨앗을 뿌림>,

<용해(溶解)>로

< 12 >

그 무지(無知)로, <자신의 힘>에 미혹되어

윤회(輪廻)가

< 9 >
<의식인 그것>은, 샥티의 제한으로,
말라에 덮인 윤회자가 된다.

chid-vat tac chakti-sankochat
mala-avritah samsari
칫밧 탓 샥티-상코찻
말라-아브리타 삼사리

의식이 핵심인 주(主)가 자신의 <자유 의지>로
모든 곳에서 이원(二元)을 떠맡을 때, 그의 의지와
다른 힘은, 본질에서는 제한되지 않더라도, 제한을
떠맡는다.
그때, <그것[아트마]>은 말라에 덮인 윤회하는
존재가 된다.

<의지의 힘>은 제한을 떠맡고, 아나바 말라로
덮인다. 그것은 지바에 속하는 것으로, 그것 때문에
그는 자신을 불완전한 것으로 여긴다.

<지식의 힘>은 다양한 세계에서 점차 제한되게
되어, 몇 가지 사물의 지식으로 전지성(全知性)은
감소한다.

<내면의 기관>과 <감각(인지) 기관>을 얻으면서 극심한 제한을 떠맡고, **마이야 말라**에 덮인다.

그것은 <모든 대상들이 서로 다른 것들>이라고 이해한다.

<**행위의 힘**>은 몇 가지 사물에 (감소하여) 있게 되고, <행위 기관>으로 전능성(全能性)은 극히 제한되어, **카르마 말라**를 얻는다.

그것은 <선과 악을 행한다>고 여기는 것이다.

이런 식의 <**샥티의 제한으로**>,

(1) 전능성(全能性)은 **칼라**(제한된 기능),
(2) 전지성(全知性)는 **비디아**(제한된 지식),
(3) 자족성(自足性)은 **라가**(집착),
(4) 영원성(永遠性)은 **카알라**(시간의 제한),
(5) 편재성(遍在性)은 **니야티**(공간과 원인의 제한)의

덮개[칸추카]로 덮인다.

지바는 이렇게 <제한된 나>이고, <떠도는 존재> 즉 **윤회자(輪廻者)**로서, 샥티에 있어서 가난하다.

그러나 **샥티**가 부유(富裕)하여 완전히 펼쳐질 때, 그는 **쉬바**가 된다.

☯

"그렇다면 우리가 곧 <**쉬바**[즉 신(神)]의 상태>인 것을 알 수 있는 어떤 표지(標識)가 있는가?"

윤회자의 단계에 있을지라도, 내가 바로 **쉬바**인 것을 알 수 있는 표지 말이다.

"있다!"고 다음 경문은 말한다.

< 10 >
여기서도 쉬바처럼 <다섯 행위>를 한다.

tatha-api tad-vat pancha-krityani karoti
타타-아피 탓-밧 판차-크리탸니 카로티

쉬바가 <우주적 현현에서> 진정한 본성을 펼치는 것으로써 <5종 행위>를 하는 것처럼, 그는 그렇게 <지바의 제한된 조건에서도> **<다섯 행위>를 한다.**

<어떤 한정된 공간과 시간 안에서, 대상(對象)이 나타나는 것>은 **쉬바**의 **스리슈티**[방사(放射) 혹은 발산(發散), 현현(顯現)]에 상응하고,
<대상이, 다른 공간과 시간에 나타나서 그 개체 영혼에서는 사라지는 일>은 **삼하라**[철수(撤收)]가 되고,
<대상이 나타나서 연속되는 상황>은 **스티티**[유지(維持)]가 된다.

<대상이 다양하게 나타나기 때문에> **빌라야**[은폐(隱蔽)]가 있고,
<그 대상이 **의식**의 빛과 동일(同一)함을 가질 때> **아누그라하**[은총(恩寵)]다.

168

여기서도 쉬바처럼 <다섯 행위>를 한다.

여기에서 카시미르 영성의 이슈와라-아드바야와
베단타의 브라흐마-바딘의 차이가 있다.

> **"핵심이 의식(意識)인 신성(神性)은 항상
> <5종 행위>에서 그 주권(主權)을 보유한다!!!"**

이것은 <영성 수련>을 다루는 카시미르 전통의
여러 경전[아가마]이 말하고 있는 바다.

스왓찬다 탄트라는 말한다.

> "창조[스리슈티]와 유지[스티티]와 소멸[삼하라],
> 또 은폐[빌라야]와 은혜[아누그라하]의 주님을
> 경배(敬拜) 하나이다.
> 그는 <경배하는 자>의 고통을 멸하시나이다."

쉬바가 <외향의 길[즉 우주적 현현]에서> 확장의
과정으로 방사(放射) 등[<5종 행위>]을 일으키듯이,
그는 삼사라의 조건에서도 자신의 **<의식의 힘>**을
제한하는 것으로 **<다섯 행위>를 한다.**

이슈와라-프라탸비갸는 말한다.

"이런 위치, 즉 <주(主)가 몸 등으로 들어가는> 경험적인 상태에서도, **그 의지로** 대상들이 밖으로 나타나게 한다. 비록 그 대상들이 그 자신 안에서 나타나는 것이라고 하더라도."

여기서도 쉬바처럼 <다섯 행위>를 한다.

세상에서의 5종 행위는 다음과 같(을 수 있)다.
프라탸비갸-카리카에 따르면,

(의식인) **주(主)**가 <몸, 프라나 등의 영역>으로 들어갈 때 – 즉 (나의) **주의(注意)가 외적(外的)이 될 때** – '푸르다' 등의 <대상을 한정된 공간, 시간 등에 나타나도록> 만든다.
그때 <한정된 공간, 시간 등에 나타나는 일>은 방사(放射)의 행위다.

<그 대상이, 다른 공간, 시간 등에서 나타나는 일>은 철수의 행위이고,
<'푸르다' 등이 나타나서 연속되는 것>은 유지,

<다양성으로 나타나는 일>은 숨김의 행위,
<사물이 **의식**의 빛과 동일한 것으로 나타날 때> 그것은 은총의 행위다.

여기서도 쉬바처럼 <다섯 행위>를 한다.

어떻게 **주(主)**가 5종 행위에서 항상 주권자인가 하는 것은 스판다 카리카의 주석에서 광범위하게 다룬다.
바로 <나 자신의 경험 속에서 일어나는> 이 다섯 행위에 대한 이해(理解)를 꾸준히 추구한다면……

주(主)의 <5종 행위>를 심사숙고(深思熟考)하는 사람은,
우주가 곧 **<의식(意識)이 펼쳐진 것>**이라는 것을 **알고**[경험하고, <그 경험자>가 되고, **<아는 자>**가 되고],
바로 이번 생(生)에서 해탈하게 된다.
이것이 <성스러운 전통>이 유지되는 무엇이다.

그러나 이렇게 생각하지 않는 사람들은, <경험의 모든 대상을 본질적으로 서로 다른 것으로 여겨>, 영원히 묶인 자[**파슈, 아누, 지바**]로 남는다.

이것이 5종 행위의 주권(主權)을 말하는 유일한 방식은 아니다. 다른 비의적(秘意的)인 것도 있다.

< 11 >
<나타남>, <즐김>, <알아챔>, <씨앗을 뿌림>,
<용해(溶解)>로

abhasana rakti vimarshana bija-avasthapana
vilapana tas-tani
아바사나 락티 비마르샤나 비자-아바스타파나
빌라파나 타스-타니

   <인식(認識)하는 일>은 - 그 대상이 무엇이든 -
아바사나 혹은 **스리슈티**이다. 인식 즉 인지(認知)
라는 것은 <나>에게 **<나타남>**이다.

   <인식(認識)한 것>은 얼마동안 맛이 있다. 우리는
<인지한 것>을 - 내가 보고, 느끼고, 알게 된 것을
- 잠시 **즐긴다**. 이것이 **락티** 혹은 **스티티**다.

   그리고 그것은 <지식(知識)[**앎**]의 시간>에서 철수
된다. 이것이 **삼하라**다. 문득 (사물인) 그 대상에
대한 <말[이름]> 등을 **알아채고**[비마르샤나], (그
순간) 그 대상은 사라진다. 나에게는 그 사물 등을
가리키는 <말[명칭, **나마**]>만 남고, 그 **<말 등(等)이
가리키는 대상(의 본질 혹은 본성)>**은 사라진다.

만약 그 <경험한 대상>에 대해 의심(疑心) 등의 인상이 일어나거나 <완전한 이해(理解)[깨달음]>가 없다면, 그것은 [우리 마음에서 연상(聯想)이라는] 윤회계의 원인인 (생각의) **"씨앗을 뿌리는 일"**로 남을 것이다. 즉 **비자-아바스타파나[씨앗을 뿌림]**가 된다.

[아니면 우리는 에고라는 큰 껍질을 쓴 **씨앗**으로 그냥 남는다.] 이것이 **빌라야** 즉 은폐(隱蔽)다.

만약 그 <경험의 대상>이 **의식(意識)**과 동일성을 가지면, 의심(疑心) 등의 인상은 **용해(溶解)**되고, 우리는 깊은 이해(理解)[깨달음]를 갖는다.

[아니면 우리의 에고라는 이 크고 딱딱한 껍질은 **용해(溶解)**되고 **씨앗**은 새로운 것[영성(靈性)]으로 **"발아(發芽)"**하게 된다.] 그것이 **빌라파나** 즉 **아누그라하[은총(恩寵)]**다.

☯   ☯   ☯

이 경문은 <비의적(秘義的)인 가르침>으로, **우리 수행자에게는 아주 중요한 것이므로**, 다시 한 번 더 찬찬히 음미(吟味)한다.

\<나타남\>, \<즐김\>, \<알아챔\>, \<씨앗을 뿌림\>, \<용해(溶解)\>로

\<최고의 견지\> 즉 \<비의적인 가르침\>에 따르면, 시각(視覺) 등의 \<인지(認知)하는 감각의 여신\>의 연속적인 기능을 통해 나타나는 것이 그 무엇이든, 그것은 말하자면, (나에게) 방사(放射)[스리슈티]된 것이다.

이것이 **아바사나** 즉 \<**나타남**\>이다.

그렇게 \<나타난\> 대상은, 눈의 닫힘이 없이 얼마 동안 그것을 \<즐길\> 때, 그것은 \<유지의 여신\>에 의한 것이다.

\<**즐김**\>은 **스티티** 혹은 유지이다.

그 대상은 \<**비마르샤나**의 시간\>에, \<그것을 혹은 그런 상태를 **알아채는** 순간\>에 철수된다. 왜냐하면 그것을 "즐기는 동안 (아니면, 보는 순간)" 그것에 대한 우리의 반응(反應)이 - **차맛카라** 즉 기쁨으로 - 갑자기 \<말\>로 번쩍이기[표현되기] 때문이다.

\<그 대상에 대한 이 지식(知識)\>을 **삼하라**라고 하는데, 그 대상이 철수되기 때문이다. \<대상\>으로서의 그 대상은 사라지고, 단지 \<지식[**앎**, 말]\>만 남는다. [\<언어화(言語化)\>라고 하자.]

<비마르샤나>는 "야! 굉장하구나!" "장미(薔薇)가 아름답구나!"의 경험이다. 그것은 예술가의 경험의 기쁨과 같다. 그래서 그것을 예술가의 <직관적인 번쩍임>을 의미하는 **차맛카라**라고 한다.

라마는 말한다.

"다른 것으로는 - 명상[사마디]의 천둥번개로도 - 쪼갤 수 없는 **<다양성(多樣性)의 산악(山岳)>**은, **<주(主)께 헌신한 자들>**에게는 자신으로 **경험되고**, 또 그렇게 파괴된다."

그러나 만약 다양성의 경험이 철수될 때 <경험의 대상>이 속에서 의심 등의 여러 **삼스카라**[인상]를 일으킨다면, 그때 그것은 곧 **비자-아바스타파나** 즉 "**씨앗을 뿌리는 일**"로 삼사라의 상태를 얻게 된다. 그것은 <무의식적인 것>이 된다.

그리고 그것은 언젠가 다시 싹트게 되어 있다. 적당한 <때와 환경>을 만났을 때, 즉 적당한 <말과 사건>을 만났을 때 "(그 말, 그 사건에서 시작되는 저 끝없는) 연상(聯想)[associations]의 수레바퀴"는 마치 생사(生死)의 윤회(輪廻)처럼 우리의 본성을 가리게 된다. 온갖 형태와 빛깔의 [생각의] 구름이 [**의식**이라는] 하늘 공간을 온통 뒤덮고 있다.

바로 이번 생(生)의 지금 <나 자신의 경험에서> 이것을 잘 관찰해 보라. 나의 생각과 마음은 돌고 또 돌고 있다. 그러나 우리는 연상(聯想) 즉 <내가 끌어 모은 지식(언어), 내가 겪고 경험한 모든 것에 대한 (서로 관련 있거나 없는) 말과 생각>이 나를 어디로 끌고 가는지 알아채지 못하고 있다.

그러면 그것은 경험자에게 **자신의 진정한 본성을 감추는** <빌라야의 상태>로 이끈다.

[아니면 우리는 <에고라는 단단한 껍질>을 쓴 채 - **씨앗**으로 - 다시 어느 땅에 뿌려질 것이다.]

그러나 <**씨앗**으로 축소되었던 세계>가 내적으로 유지되더라도, <다른 것> 즉 <**세계가 의식의 불로 동일성으로 불타는 일**>이 일어난다면, <**하타파카의** 과정>과 <**알람그라사의** 장치>로 또 <완전(完全)을 일으키는 것>으로, 수행자는 <은총의 상태>로 들어간다.

[<경험자>가 <경험의 대상>과 하나임[동일성]을 느끼는 방법에는 두 가지가 있다. **샨티-프라샤마와 하타파카-프라샤마**.

프라샤마는 경험자와 하나가 되기 위해 <경험의 세계>를 완전히 축소(縮小)하는 것을 말한다. **샨티- 프라샤마**는 <느리고 점진적인 과정>이고, 여기의 <**하타파카의** 과정>은 <집요(執拗)한 과정>이다.

<알람그라사의 장치>에서, <알람>은 <삼사라의 씨앗[인상]이 의식에서 완전히 분리되어 흔적조차 남지 않는 것>을, <그라사>는 <완전히 삼켜서[용해되어] 참나와 하나가 된 것>을 말한다.]

[아니면 우리는 씨앗으로 태어나지만, 에고라는 껍질을 <녹이고[용해(溶解)하고]> 발아(發芽)하여, <큰 나무>로 성장할 수 있고 또 꽃과 열매까지도 맺을 수 있다.]

<나타남>, <즐김>, <알아챔>, <씨앗을 뿌림>, <용해(溶解)>로

이런 5종 행위의 주권은 항상 모든 몸 가까이에 있지만, 훌륭한 구루의 가르침이 없이는 잘 나타날 수 없다.

그러므로 좋은 <영적인 안내자> 혹은 안내서를 통해, <다섯 행위>의 경험이 자신에게 나타나도록 해야 한다.

그런 안내를 받지 못해, <그런 지식을 갖지 못한 자>는 자신의 힘에 미혹(迷惑)된 채로 남는다.

그래서……

< 12 >

그 무지(無知)로, <자신의 힘>에 미혹되어
윤회(輪廻)가

tad a-parijnane sva-shaktibhir vyamohitata
samsaritvam
탓 아-파리갸네 스와-샥티비르 뱌모히타타
삼사리트왐

다섯 행위에 대한 지식의 결여로, 그는 <**자신의**
힘>에 **미혹되어**, **윤회**(輪廻)하게 된다.

샥티에 대해 말하는 동안, 우리는 <최고의 **바크**
샥티가 완전한 "**나**"의 지식을 갖게 한다>는 것을
잘 깨달을 수 있다.

그녀는 **산스크리트** 문자 "**아**"에서 "**크샤**"까지의
<위대한 **만트라**>이고, <실증적(實證的)인 경험자[즉
에고]>를 계시한다.

이 단계에서 그녀는 <순수한 **의식**>을 감추고,
<어떤 (다른) 것으로부터> <다른, 새로운 형태>로
우리를 던진다.

<실증적인 경험자>는 **자신의** 여러 가지 **힘으로**
미혹되어, 몸, 프라나 등을 **참나**로 여긴다.

브라흐미와 다른 **샥티**들은 경험적인 주체[**파슈**] 안에서는 <다양성(多樣性)의 방사와 유지>, 그리고 <단일성(單一性)의 철수>를 일으킨다.

"**파티**"의 단계에서, 그것들은 역과정이 된다. 즉 <단일성의 방사와 유지>, 또 <다양성의 철수>다.

점차로 그것들은 "**아-비칼파**"의 상태를 일으킨다. 이것은 순수한 **비칼파**의 힘으로 알려져 있다.

위 같은 방법으로 <단일성의 의식>을 얻는 것을 **샴바보파야**라고 한다.

☯

이제 <단일성의 의식>을 얻는 **샥타**의 기법[**샥토파야**]도 있다.

이런 맥락에서 **칫 샥티**는 **바메슈와리**다.

바메슈와리의 아종(亞種)에는 **케차리**, **고차리**, **딕차리**, **부차리**가 있다.

이들은 **우주 의식**의 대상화(對象化)를 유발한다.

케차리 샥티에서 **우주 의식**은 <개체적 주체>가 되고,

고차리 샥티로 그는 <(내적인) 정신적 기구>를 부여받게 된다.

179

딕차리 샥티로 <외부(를 인지하는) 감각>을 부여
받고,

부차리 샥티로 그는 <외부의 대상>에 한정된다.

요가 수행으로,

케차리는 <완전한 주체의 의식>을 일으키고,

고차리는 <분별하지 않는 의식>을 일으키고,

딕차리는 <인지에서 분별하지 않는 감각>을 일으
키고,

부차리에서 <모든 대상을 나 자신의 부분(部分)>
으로 의식하게 된다.

☯

아나보파야인 세 번째 기법도 있다.

개아의 경우에서, 주(主)의 **아이슈와랴 샥티**가
그녀의 진정한 본성을 가릴 때,

그는 **프라나** 등으로, 또 깨어 있고, 꿈꾸는 상태
등으로, <거친 몸>과 <미묘한 몸>으로 **미혹되어**,
그는 윤회자가 된다.

요가 수행으로,

그녀가 **우다나 샥티**와 **비아나 샥티**를 펼칠 때,

개인은 **투리야**와 **투리야티타** 상태를 획득하고

살아 있는 동안에 해탈하게 된다.

그 무지(無知)로, <자신의 힘>에 미혹되어
윤회(輪廻)가

탓 아-파리갸네 스와-샥티비르 뱌모히타타
삼사리트왐

**무지(無知)와 미혹(迷惑)은 <현재의 우리>에게
있어서는 아주 중요한 문제**이므로,
이제 경문을, 크세마라자 자신의 주석을 따라서
좀 더 자세히 살핀다.

탓은 <(항상 일어나고 있는) 5종 행위의 주권>을
가리키고,
아-파리갸네는 **무지(無知)** 혹은 무명(無明)의 뜻
으로, 자신의 힘의 현현의 결여 때문에 [직관 혹은
지혜가] <**번쩍이지 않은 것**>을 의미한다. 그 힘은
<**샥티의 하강(下降)**>으로 나타나게 될 것이다.

윤회 (輪廻)의 상황이 되는 것은 단지 **미혹(迷惑)** 때문이다. 많은 경전과 <세속적 견해> 때문에 생긴 [여러 의심으로] 꼼짝 못하게 된 그 **미혹** 말이다.

사르바-비라-밧타라카는 말한다.

"무명(無明) 때문에, 사람은 불확실성에 매인다. 그래서 생사(生死)가 따른다."

"모든 **만트라**의 핵심은 문자와 소리로 구성된다. 그리고 **모든 문자와 소리의 핵심은 쉬바다.**"

[**만트라, 파라 바크, 마트리카** 등에 관한 설명은 『**쉬바 수트라**』를 참조하면서, 나름 <**느껴**> 보라.
단순한 <언어 분석 철학>이 아닌, **언어의 근원인 소리**와 또 그 **소리의 근원**을 탐구하는 과정이므로, 낯설고 어렵더라도……]

<언설(言說)의 힘[**바크 샥티**]>인 **파라 바크** 그는 <**의식 (意識)의 빛**>[**쉬바**]과 동일하다.

그는 <영원히 소리 나는> 위대한 **만트라**의 형태이고,
<완전한 "**나**"-**의식**>으로 구성되고,

<아>에서 <크샤>까지의 소리로 형성되는 **샥티**의 군집(群集) 전체를 자신 속에 품고 있고,

파쉬얀티, 마드야마 바크 등의 연속적인 단계를 통해, <제한된 경험자[주체]의 영역>을 일으킨다.

<제한된 경험자의 이 상태>에서, 그녀는 진정한 본성인 **파라 바크**를 숨기고, 경험적인 주체 안에서 모든 순간 <항상 새로운 **비칼파** 활동>을 일으킨다.

<**비칼파** 활동>이란 <저것과 이것을 다른 것으로 생각하는 것>을 말한다. **비칼파** 즉 생각은 마음의 본성으로, 그것은 <어떤 사물(항아리)과 다른 것들 (항아리가 아닌 것들)을 분별(分別)>한다.

그 활동은 <모호하고 특별한 대상>을 보는 것을 일으키고, 그리고 또 <**비칼파** 활동>으로 덮여진 <**아-비칼파** 단계>를 선물한다.

<**아-비칼파** 단계>는 <**니르-비칼파**> 즉 <**생각이 없는 상태**>다. <생각의 활동>이란, 가만히 생각해 보면, <생각이 없는 상태>를 암시(선물)하고 있다.

이런 환경에서는 **브라흐미**와 다른 신성들이 통할 하는 <**카**>와 또 다른 자음(子音)들 형태의 독특한 **샥티**로 **미혹되어**, 그 미혹된 사람은 몸, **프라나** 등 제한된 그들 자신을 **참나**로 여기게 된다.

브라흐미와 다른 신성들은, **파슈**[<짐승처럼 묶인 존재>]의 단계에서는, <다양성>에 맞추어 방사와 유지를, 그리고 <다양하지 않은 것>과 관련해서는 철수한다. 제한된 **비칼파**에 대해 순응만 한다.

<브라흐미와 다른 신성들>은 **산스크리트** 문자 <**카** 행(行)과 다른 행들>을 말한다. 잘 아는 대로, 문자 즉 언어는 <다양성의 세계>에서만 필요한 것이다.

그러나 **파티** 단계에서, 이들 신성은 <다양성>과 관련해서는 철수를, 또 <다양하지 않은 것>과 관련해서는 방사와 유지를 한다.

점차로 **비칼파** 즉 생각을 감소하여, 궁극적으로 사람으로 지복한 <**바이라바 무드라**>로 들어가게 하는 위대한 <**아-비칼파** 단계>를 선물한다.

이 단계에서 이들 **샥티**는, **의식**과 **지복**으로 깊이 융합하는 <순수한 **비칼파 샥티**>로 나타나게 된다.

<순수한 **비칼파 샥티**>에서 <**순수한 생각**>이란 수행자가 <이 모든 현현의 영광은 나 자신이라고 느끼는 것>이다. 그는 자신을 **쉬바**와 동일시한다. 그것은 <전체적인 의식>이고, 다양성[분별]에서부터 <**니르-비칼파**의 상태>로 들어가는 것이다.

비록 <생각>이라고 해도 - 원래는, 생각 자체가

불순한 것이다. - <신성(神性)과 자신을 동일시하는 것>이므로 <순수한 생각>이라고 하는 것이다.

<바이라바 무드라>는 잘 알려져 있다.

"눈을 뜨고, 외부를 응시(凝視)하되
주의(注意)는 내면(內面)을 향한다.
이것이 탄트라가 비밀로 지켜온
<바이라바에 속한 무드라>다."

"'<이 모든 현현의 영광>은 <나의 것>이다.'라고 알고, <우주가 그의 **참나**인 것을 깨달은 사람>은, **비칼파** 즉 마음 혹은 생각이 그 놀이를 할 때라도, **마헤샤타**를 소유한다."

마헤샤타는 마헤샤의 추상명사이고, **마헤샤**는 "**위대한 주(主)**"로 쉬바를 말한다. ["쉬바성(性)"]

그러므로 **삼사린**[윤회자]의 상태는, 위에서 설명했듯이, <**자신의 힘**>에 **미혹되어**, <자기 자신의 샥티 때문에 생긴 미혹>으로 구성된다.
이것은 **샴바보파야**다.

☯

다음은 **샥토파야**다.

바메슈와리로 알려진 <**의식의 힘**[칫-**샥티**]>은, 그녀가 우주를 "토(吐)하고" 또 **삼사라**의 "반대의" "역방향의" 길을 가야 하기 때문에, 그녀 자신을 <묶인 주체[**파슈**]>의 상황[조건]으로 나타낸다.

바메슈와리의 아종(亞種)으로는, **케차리**, **고차리**, **딕차리**, **부차리**가 있다고 했다. 이 **샥티 차크라**는 **우주 의식**의 <대상화(對象化) 과정>을 나타낸다.

케차리 차크라로 사람은 <전지(全知)한 **의식**의 위치>에서 <제한된 경험자>로 감소되고,
고차리 차크라로 그는 <내부의 (정신적) 기관>을 부여받고,
딕차리 차크라로 <(외부의) 감각 기관>을 받고,
부차리 차크라로 그는 **바와** 즉 <외부의 대상>에 한정된다.

케차리는 <**카** 혹은 **아카샤**[공간]에서 움직이는 무엇>을 말한다. **카** 혹은 **아카샤**는 **의식**(意識)의 상징이다. 여기 **샥티**를 **케차리**로 부르는데, 그녀의 영역이 **의식**이기 때문이다.
고차리는 그녀의 영역이 <내부의 (정신적) 기관>

이기 때문이다. 고는 움직이는 것을 말한다. 광선, 소(牛), 감각은 고로 알려져 있는데, 움직이기 때문이다. **안타-카라나**는 <(정신적) 감각의 자리>이고, 움직임 속에 있다. 그것은 역동적(力動的)인 우수한 <영적(靈的)인 기구>다. 그러므로 **고차리**의 영역에 있다고 한다.

딕차리는 **딕** 즉 공간(空間)에서 움직이는 **샥티**다. <외적인 감각>은 공간의 의식을 가져야 한다. 그러므로 <외적인 감각>은 **딕차리**의 영역에 있다고 한다.

부차리의 **부**는 존재계 즉 세상을 의미한다. 그러므로 <(세계의) 대상들>은 **부차리**의 영역이다.

<개체적인 경험자>, <그의 정신-신체적인 힘>, <그의 경험의 대상>은 여기서는 모두가 여러 가지 **샥티 차크라**로 기술[표현]되었다.

안타-카라나[<내부의 (정신적) 기관>]의 세 가지 면은 **붓디**, **아함카라**, **마나스**다.

붓디는 확인(確認)하고,

아함카라는 자신을 몸 등과 동일시(同一視)하고, 경험들을 자기 자신으로 동화(同化)한다.

마나스는 사물을 이것 혹은 저것으로 결정(決定) 짓는다.

그러나 <파티[해방된 영혼] 단계>에서,

샥티는 그 자신을 칫-가가나-차리로서 나타낸다. 그 핵심은 <우주적인 행위자성(行爲者性)>이고,

고차리로 나타날 때는 그 핵심이 <분별하지 않는 것> 즉 <단일성>의 확인(確認)으로 구성되고,

딕차리는 <분별하지 않는 것> 등의 인지(認知)로 구성되고,

부차리는 사물을 자신의 사지(四肢)처럼 <다르지 않는 것>으로 나타내는 것으로 구성된다.

이 모든 것이 "파티"의 가슴 위로 열려 있다.

다모다라는, 그의 타고난 차맛카라[지복] 때문에, 비묵타카스에서 말한다.

"바메슈와리와 다른 여신들은 - <아는 주체>인 케차리, <내면의 기관>인 고차리, <외부의 감각>인 딕차리, <대상적인 존재물>인 부차리에서 그들의 영역을 갖는데 -

<파리 갸나[완전한 지식, 바른 지식]>로 해방을 일으켜 그를 전체(全體)로 만들고,

<아-갸나, 아-파리 갸나[무지, 무명]>로 속박을 일으켜 그를 제한(制限)되게 만든다.

그러므로 삼사린이 되는 것은 <자신의 힘>에 미혹되어 그런 것이다."

다음은 **아나보파**야다.

본성이 **의식**(意識)인 최고의 **주**(主)는, 독특하고
실패하지 않는 **아이슈와랴 샥티**를 가진다.

아이슈와랴 샥티는 스와탄트리야 즉 <절대적인
자유 의지의 힘>을 말한다.

그의 본성은 본질적으로 신성의 빛의 번쩍임인
행위자성으로 구성된다.

그녀는 <파슈 상태>에서는 진정한 본성을 숨기고

프라나, 아파나, 사마나 샥티[**힘**]의 단계로,

깨어 있고, 꿈꾸고, 잠자는 상태로,

몸, **프라나, 푸랴슈타카**[마음]의 단계로, **미혹**을
일으킨다.

그녀[**힘**]에 의한 이 **미혹**으로 삼사린이 된다.

그러나

<마드야다마[즉 수슘나]에서 **투리야**의 성격으로
나타나는 **우다나 샥티**>를 펼칠 때,

<우주에 편재(遍在)하고, **투리야티타** 성격으로
나타나는 **비아나 샥티**>를 펼칠 때, 그때

- 둘 다 **의식**과 **지복**의 덩어리다.-

사람은 <몸> 등의 상태에서도 - 아직 살아 있는 동안 - <파티의 단계>로 오르고, 해탈을 얻는다.

[『**쉬바 수트라**』 "<거친 **프라나**>의 **웃차라**"에서 **프라나 다라나** 혹은 **프라나 요가**로서 이것을 약간 다루었다.]

잘 아는 대로, <다섯 가지 **프라나**>가 있다. 즉 **프라나, 아파나, 사마나, 우다나, 비아나**다.

이것들은 **바유** 즉 <생명 에너지>다. **프라나**들은 <살아, 생장하는 생명>의 기능을 수행하는 **바유**다. 그것들은 몸[육체]과는 구별된다. 인도의 사유에서 생명은 단순한 물질과는 다른 무엇이다.

생명은 여러 가지 **프라나**들로 유지된다. 호흡은 **프라나**의 가장 구체적인 표현이다. "**프라나**"라는 말은 <살아, 생장하는 생명(生命)>과 <그것의 모든 기능>을 포함하는 아주 포괄적인 말이다.

그것은 기능에 따라 여러 가지로 나뉘어져 있다. 대략, **프라나**는 <밖으로 나가는 생명의 **바유**>이고, **아파나**는 <항문 쪽으로 내려가는 생명의 **바유**>다. **사마나**는 <몸의 내부에 위치한다고 말하는 생명의 **바유**>다. 그것은 음식물 등의 소화[동화(同化)]를 돕는다. 그러므로 **사마나**로 알려져 있다.

우다나는 <위로 오르는 것>을 말하고, **비아나**는 <모든 방향으로 가는 것>을 의미한다. 그것은 몸의 모든 곳에 있다. 즉 편재(遍在)한다.

우다나 **샥티**는 **프라나**와 **아파나**가 평형(平衡)이 되었을 때 나타난다. 그때 **우다나**는 능동적이 되어, **마드야-다마**를 통해 위로 움직이고, **투리야[의식**의 네 번째 상태]를 일으킨다.

여기서는 **바유**가 아닌, **샥티[힘]**라는 말을 썼다. 여러 **바유**는 같은 이름의 여러 **샥티**의 기능이다.

마드야-다마는 <중앙 **나디**> 혹은 **수슘나 나디**를 말한다. **수슘나**와 평행으로 달리는 두 개의 **나디**가 있다. 그것은 물질적인 것이 아닌 **프라나 나디**로, **이다**와 **핑갈라**다. **프라나**는 **이다**를 통해 흐르고, **아파나**는 **핑갈라**를 통해 흐른다. **수슘나**는 <척추 기둥>의 내면을 따라 뇌(腦) 쪽으로 흐른다.

보통은 **프라나**와 **아파나 샥티**만이 활동적이다. 그러나 수련을 통해, <**프라나**와 **아파나**의 흐름이 평형을 이룰 때>, **수슘나 나디**가 열려지고, **우다나 샥티**가 그것을 통해 흐른다. 그것이 **의식**(意識)의 **네 번째** 상태를 일으킨다.

비아나 샥티는, 대우주적(大宇宙的)으로는 <우주 전체>에 편재(遍在)하고, 소우주적(小宇宙的)으로는 **쿤달리니**가 깨어날 때, <우리 몸 전체>에 편재하게 되고 **투리야티타** 상태를 일으킨다.

그러므로 요약(要約)하면,
프라나 샥티, 아파나 샥티, 사마나 샥티로 인해 사람은 <묶인 영혼[**파슈**]>이 되고,
우다나 샥티, 비아나 샥티로 사람은 해방되어, <자유로운 영혼[**파티**]>이 된다.

투리야와 **투리야티타**는 『**쉬바 수트라**』에서 약간 다루었다.
[**투리야**는 <**차투르**[chatur, 넷] + **얏**[yat]>에서, "chatur"의 cha와 접미사 "**ya**t"의 t가 떨어지고, "turya" 즉 <**네 번째**>가 되었다.]

인간의 의식은, 보통 <세 가지 상태>에서만 기능한다. 즉 <깨어 있을 때> <꿈꿀 때> <잠잘 때>다. **우다나 샥티**가 **수슘나 나디**에서 활동적이 될 때, 사람은 **투리야** 즉 <**네 번째 의식**>의 상태가 된다. 그 상태에서 사람은 <단일성의 의식[통일 의식]>을 갖게 되고, 다양성의 느낌은 사라진다. 이 의식은 지복으로 가득하다.

잘 아는 대로,

<깨어 있을 때>는 **프라나**, **마나스**, 감각과 몸이 활동적이다.

<꿈꿀 때>는 **프라나**, **마나스**만 활동하고,

<잠잘 때>는 **마나스**조차도 그 기능을 중지하고, **아트만** 혹은 <순수한 **의식**>만 공(空)과 관련되어 있다.

<**투리야** 혹은 **네 번째** 상태>에서 **아트만**은 이들 제한(制限)에서는 떨어지고, <순수한 **의식**과 **지복**>으로 남는다.

우리의 <깨어 있고> <꿈꾸고> <잠자는 상태>는 서로 떨어져 있다.

<깨어 있는 동안>에는 우리는 <꿈꾸고, 잠자는 의식>을 가질 수 없고,

<꿈꾸는 동안>에는 <깨어 있고, 잠자는 의식>을 가질 수 없고,

<잠자는 동안>에는 <깨어 있고, 꿈꾸는 의식>을 가질 수 없다.

한 상태에 있을 때, 우리는 다른 두 상태를 알아챌 수 없다. 그러나 **투리야**는 <총체적 각성>이다. 그것은 세 가지 상태 모두를 알아채거나 의식하고 있다. 그것은 세 가지 상태의 어떤 것과도 떨어져

있지 않다.

<투리야 각성>이 확립되면, **마나스**의 습관은, 즉 <사물을 부분적으로 아는 습관>과 또 <각성에서의 세분화>는 감소된다. **투리야**는 <세 가지 상태> 그 모두를 알아채는 의식이다.

그것은 다양성의 느낌을 일으키는 **마야**의 영향 아래에 있지 않다.

잘 아는 대로,

투리야[<**네 번째**>]는 상대적인 말이다. 그것은 <깨어 있고, 꿈꾸고, 잠자는 세 가지 상태>와 관련된 네 번째다. 세 가지 상태는 사라지지 않고, 오직 <**투리야** 즉 네 번째 각성>이 항상 세 가지 상태를 알아채고 있다.

투리야는 세 가지 상태의 어떤 것에서도 떨어져 있지 않고, 세 가지 상태 모두를 통해 달리더라도 그들에게 영향을 받지 않는다. 왜냐하면 그것은 <주체-대상의 이원성>의 어떤 인상에서도 완전히 자유롭고, <순수한 **의식**과 **지복**>이기 때문이다.

그러므로 세 가지 상태 모두를 통해 달리는 동안 이라도 **투리야**는 그들 모두를 초월한다.

투리야티타는 <네 번째 상태를 초월하는 것>을 의미한다. 그것은 **투리야** 너머의 상태다. **투리야**는

<깨어 있고, 꿈꾸고, 잠자는> 세 가지와 관련한 네 번째다.

그러나 **투리야티타**에서는 위의 세 가지 상태가 <분리된 상태>로서는 사라진다. 그러므로 세 가지 상태가 사라졌을 때, **투리야**는 더 이상 네 번째로 부를 수 없다. 그것을 **투리야티타**라고 부르는데, 그 안에서는 **투리야** 즉 네 번째 상태가 초월된다. 그것은, 마치 잔물결 하나 없는 대양(大洋)과 같은 <순수한 **의식**의 상태>로, **지복**이 충만하다.

그것은 **쉬바** 그 자신의 의식이다. 아니면 <우주 전체가 나 자신으로 보이는 단계에 도달한 사람>의 의식이다. **투리야**에서 **마나스**(마음)는 가늘어지고, **투리야티타**에서는 **샥티** 속으로 용해된다. **투리야** 상태가 완전히 개발되었을 때, 그것은 **투리야티타** 상태로 변형된다. 이 상태에서는 모든 것이 **쉬바** 혹은 **참나**로 나타난다.

❧   ❧   ❧

그래서 "<**자신의 힘**>에 **미혹되어**"는 세 가지로 해석되었다.

195

9절에서 - **<의식인 그것>은, 샥티의 제한으로, 말라에 덮인 윤회자가 된다.** - <의식(意識)의 빛> 그 자체는 제한을 떠맡아, 한 존재계에서 다른 것으로 방황하는 **삼사린**이 된다고 했다.

여기 12절에서는 삼사린이 되는 것을 다른 각도에서 말했다. "**<자신의 힘>에 미혹(迷惑)되어서**" 라고 말이다. [즉 **<파슈 상태[묶인 상태]>**와 **<파티 상태[해방된 상태]>**의 견지에서.]

사람은, 그가 가진 **프라나**와 또 다른 제한에도 불구하고, 제한된 힘을 다른 각도에서 관찰할 수 있을지도 모른다.

<자신의 힘>에 미혹되지 않았을 때, 성스러운 전통에 따르면, 몸과 함께 **주**가 된다. 다른 말로, 그는 <쉬바 그 자신>으로 기술될 수 있다.

어떤 **아가마**와 **프라탸비갸** 주석은 말한다.

"그들은 <베일에 덮인 형태>인, 인간의 몸으로 들어간 **지고(至高)의 주(主)**다."

"36 **탓트와**로 구성된 <몸>이나 <항아리>조차도 <쉬바의 한 형태>로 여기는 이들은 **온전(穩全)**을 성취한다."

☯

　이제 핵심적 진리를 보여주기 위하여, 위 경문의
의미를 다음에서는 <거꾸로> 둔다.

제 7 장

지반 묵티

1. 내향(內向) 혹은 상승(上昇)
2. <의식이 나>

< 13 >

<바른 지식>으로, 마음은 내향(內向)이 되고
체타나의 상태로 상승(上昇)하여 의식이 된다.

< 14 >

<의식의 불>은, 하강에서 마야에 덮일지라도,
부분적으로 <대상(對象)의 땔감>을 태운다.

< 15 >

그 힘으로, 우주를 나 자신으로 한다.

< 16 >

<의식의 지복>을 얻을 때면,
몸 등이 경험되는 동안이라도,
<의식이 나>라는 알아챔이 확고하다.
지반 묵티다.

< 13 >

<바른 지식>으로, 마음은 내향(內向)이 되고
체타나의 상태로 상승(上昇)하여 의식이 된다.

tat parijnane chittam eva antarmukhibhavena
chetana-pada adhyarohat chitih
탓 파리갸네 칫탐 에와 안타르무키-바웨나
체타나-파다 아댜로핫 치티

참나[쉬바]의 <5종 행위>에 대한 <바른 지식>이
개아에서 동틀 때, <무명(無明)[그 무지(無知)]>은
사라진다.

칫타 즉 <개체 의식, 마음>은 더 이상 <자신의
제한된 힘>에 미혹(迷惑)되지 않고, 자신의 본래의
자유를 <재(再)-획득>한다.

<자신의 본성을 아는 것[경험(經驗)하는 것]>으로
칫[의식]의 상태로 상승한다.

<알려질 수 있는 대상의 견지>로부터, 이 경문은
실제적으로 앞 절에서 이미 자세히 설명된 것으로
본다.

그러나 <(다른) 말로[혹은 <지식>으로] 나타내는
견지[단계]>에서 이제 설명되고 있다.

<참나의 5종 행위의 주권에 대한 완전한 지식> 즉 <바른 지식>을 얻어, 원인 즉 **그 무지**(無知)**로,** <**자신의 힘**>에 의한 **미혹**(迷惑)이 그치면, 개아는 스와탄트리야를 얻기 때문에,

(5절에서 말한 대로) **하강**(下降)[외향(外向)]**하여 수축**(收縮)**한 칫타[마음]**는, 외향의 제한된 경향을 포기하고, **내향**(內向)**이 되어** [**내향을 통해서(만)**] <**체타나의 상태**>로 오른다.

즉 그것은 점차로 <**아는 주체의 상태**>로 오르고, 거기에서 제한의 측면이 용해되어, 자신의 진정한 본성을 얻어 **칫[의식]**이 된다.

<**바른 지식**>**으로, 마음은 내향**(內向)**이 되고 체타나의 상태로 상승**(上昇)**하여 의식이 된다.**

그것은 이제 **칫**이라는 최고의 상태로 들어간다. - 이것이 그 의미다.

여기서 이런 생각이 떠오른다.

"만약 **칫 샥티**가, 자신의 최고의 측면에서, 모든 다양성을 먹어치우는 그런 본성이라면,

그것은 <**마야**의 영역>에서도 - 우주가 현현된 조건에서도 - 그런 본성을 유지해야만 할 것이다.

마치 태양은 구름이 끼었을 때라도 (그 희미한 빛의 힘으로) 사물을 (약간이라도) 드러내는 것처럼 말이다."

사물 즉 대상을 드러내는 것은 태양의 본성이다. 그래서 구름에 덮여 있더라도 그렇게 한다.

만약 <다양성(多樣性)[다름]을 없애는 것>이 **칫**의 본성이라면, 그것이 **마야**에 덮여 있을 때라도 이 본성을 유지해야 한다.

태양은 **칫**을, 구름은 **마야**를 가리킨다.

이런 것을 위해……

< 14 >

<의식의 불>은, 하강에서 마야에 덮일지라도,
부분적으로 <대상(對象)의 땔감>을 태운다.

chiti-vahnir avaroha-pade channah api
matraya meya-indhanam plusyati
치티-바니르 아바로하-파데 찬나 아피
마트라야 메야-인다남 플루샤티

만약 **칫**이 내적으로 <분별(分別)하지 않은 의식>
이라면, 왜 그것은 <개체의 수준에서는 다양성의
느낌>이 특징이 되는가? 왜 자꾸 분별……

그 답(答)은 <개체의 수준에서도>, **칫**은 자신의
<분별하지 않는 본성>을 완전히 잃지는 않는다는
것이다.

<알려지는 모든 다양한 대상들>이 **칫** 자신으로
받아들여질 때 - 즉 <지식(知識)의 상황[단계]>에서
- 그 대상들은 <의식의 한 부분, 한 덩이>가 된다.

마치 **불**이 <던져 넣는 모든 것[**땔감**]>을 그 자신
안에 태워 [**다양성(多樣性)을**] 감소(減少)시키듯이,
의식(意識)은 <지식의 모든 대상>을 일단 자신에게
받아들인다.

그러나 **마야**로 덮여 있기 때문에, **칫** 즉 **의식**은 <지식의 모든 대상>을 자신에게 **완전히 감소(減少)[이해(理解)]할 수는 없다.** (어떤 대상에 대한 것은) 이전의 인상[삼스카라] 때문에, (그들) 대상(對象)은 다시 나타난다. [나 자신의 경험에서 관찰하라.]

<의식의 불>은, 하강에서 마야에 덮일지라도, 부분적으로 <대상(對象)의 땔감>을 태운다.

여기서 **칫** 즉 **의식**은 불로 비유되는데, 그것이 <현상의 우주>를 먹어치우기 때문이다. 즉 우주를 자신에게 받아들이기 때문이다.

그것은 **<하강(下降)의 단계>에서** - **<마야 프라마타[마야에 의해 조건화된 경험자]>에서** - 비록 **마야에 의해 덮여 있을지라도**, 그것의 고유(固有)한 자유 때문에, **부분적으로 태운다.**

즉 '푸르다', '노랗다' 등 (지식의) **<대상(對象)의 땔감>을** ["**<색깔>**로서"] 그 자체 안에 받아들인다.

마치 **불**이 <많은 **재**가 덮였더라도> **땔감**을 태우듯이, **의식**의 본성이 <**마야**의 베일에 덮였음에도> 불구하고 말이다.

재는 **마야**, **불**은 **의식**을 가리킨다.

<지식의 대상들>이 **의식**에 의해 그 자체로 받아들여졌기 때문에, 그들의 다양성은 폐기되었다.

<지식>으로서, 그 대상들은 단지 **의식** 그 자체의 한 부분, 한 덩이가 되었다.

마트라 즉 <**부분적으로**>라는 말을 사용한 것은 이런 의미다. <**의식의 불**>이 <지식의 대상들>을 먹어치웠다고 하더라도, 그것은 완전히 태우지는 못하고 단지 **부분적으로**다.

왜냐하면 그것은 다시 대상을 <삼스카라[**마음**에 남은 인상]의 수단>으로 **의식**에 올리기 때문이다.

<모든 경험자가 먹어치우는 힘을 갖는다>는 것은 - <경험의 대상>을 **의식**에 받아들이는 일["의식화(意識化)"] - 우리 자신의 경험으로 증명된 것이다.

웃팔라데바는 노래한다.

" 모든 창조물(創造物)은,
브라흐마, 비슈누조차도
계속해서 먹어치우기에,
아, 하나님!
나는 <당신의 형상>인
우주를 경외하노라."

"<모든 의식적인 존재들>은 - **브라흐마, 비슈누** 조차도 - <계속해서 먹어치운다.> 즉 <여러 가지 방식으로 대상들을 경험하고> ['이런 것은 <이런 것>이고, 이런저런 것은 <그런 것>이구나!' 하고] <대상들을 자신에게 받아들인다.>

그러므로 나는 <당신이 그것들을 당신 자신에게 받아들이는 한>, <단지 당신 자신>인 우주(宇宙)를 경외한다."

그러나 수행자가

프라사라[<(신성의) 감각의 나아감>]를 성취하는 것으로 **사르가**[<대상적인 존재계의 방사(放射)>]의 수행 수단을 채용하고

또한 **상코차**[<감각의 철수>]를 성취하는 것으로 **삼하라**[<대상적인 존재계의 철수>]의 수행 수단을 채용할 때,

그때는……

< 15 >

그 힘으로, 우주를 나 자신으로 한다.

bala-labhe vishvam atma-sat karoti
발라-라베 비슈밤 아트마-샷 카로티

발라는 <힘>으로, <칫 즉 **의식**의 진정한 본성이 나타나는 것>을 의미한다.

그때 **칫** 즉 **의식**은 우주 전체를 나타내고, 이제 우주는 자신과 동일하다. 이것은 **의식**의 <일시적인 장난>이 아니라, <영원한 본성>이다.

그것은 항상 <포함(包含)하는 것>이다. 의식의 이 <포함하는 본성>이 없다면, 몸과 또 다른 대상들도 알려질 수 없을 것이다.

그러므로 <칫 샥티> 즉 <**의식**의 **힘**>을 획득하는 데 추천되는 **수행**은, 단지 <(자신이 육신 등이라는) **거짓 동일시(同一視)를 제거하는 일**>이다.

그 힘으로, 우주를 나 자신으로 한다.

<몸, 프라나 등의 외피(外皮)의 침몰>에 의한, <그녀의 진정한 본성을 현저하게 일으키는 것>에

의한, <그녀의 출현(出現)>에 의한, **의식**(意識)이
발라 즉 힘이다.

스판다 카리카는 말한다.

그 힘을 의지하는 만트라[수행자]는
전지(全知)[쉬바, **의식]의 힘을 행하여**[얻어]

그래서 <**의식의 힘**>을 얻었을 때, 이제 나타난
자신의 진정한 본성으로 향할 때, 사람은 **프리트비**
에서 **사다쉬바까지의 우주를 <나 자신의 것>으로**
한다. 즉 우주를 **참나**와 동일하게 본다.

이것은 **크라마-수트라**도 <특징적인 언어>로 말한
바 있다.

"불이 땔감을 태우며 화염에 휩싸이듯
수행자는 그렇게 (차꼬로 활동하는)
<감각의 대상>을 태워야 한다."

그러나 다음과 같은 생각은 옳지 않다.

"의식이 우주 전체를 그 자신에게 받아들일 때,
<모든 것을 포함(包含)하는 역할>은 단지 일시적인

것일 뿐이다. 그러니 어떻게 그 <포함하는 역할>을 받아들일 수 있겠는가?"

그렇게 생각하는 것이 터무니없는 것은 아니다. **의식**의 <포함하는 성격>이 일시적인 것으로 보이는 것은, 몸 등이 나타나고 사라지는 것 때문이다.

사실, **의식**의 <포괄하는 성격>의 일시적 출현은 몸 등의 출현에 기인한 것이고, 또 몸 등은 **의식**의 주권적 의지에 의해 나타난 것이다.

그러나 이 <모든 것을 포괄(包括)하는 역할>은 현현에서 "**항상(恒常)**"인 것이다. **의식**이 현현에서 <**항상[사다, 20절 산스크리트 경문]**>**이 아니라면, 몸 등조차도 현현하지 않을 것이다.** 즉 그것들은 **의식**의 대상으로 나타나지 않을 것이다.

그것이 **요기**의 수행으로 <경험자의 몸 등에 대한 거짓 동일시를 제거하는 것>을 추천하는 이유다. 수행은 <경험하는 의식(意識)의 상태>를 얻는 것이 아니다. **의식**은 그 본성이 항상 비추는 것이다.

이것이 **크세마라자**가 말하고자 하는 것이다.

그래서……

< 16 >
<의식의 지복>을 얻을 때면,
몸 등이 경험되는 동안이라도,
<의식이 나>라는 알아챔이 확고하다.
지반 묵티다.

chid-ananda labhe
deha-adishu chetyamaneshv api
chid-aikatmya-pratipatti-dardhyam
jivan-muktih
칫-아난다-라베
데하-아디슈 체탸마네슈브 아피
칫-아이카트먀-프라티팟티-다르디암
지반 묵티

　<칫 즉 의식(意識)과의 동일성(同一性)을 꾸준히
경험하는 것>을 "지반 묵티"라고 한다.
　이것은 <자신의 진정한 본성>을 재인식(再認識)
하여, 무명(無明)이 용해될 때, 오는 것이다.

　<의식의 지복>을 얻을 때, 즉 사마베샤 혹은
<합일(合一) 의식이라는 명상적 경험>이 있을 때,
그 상태는 <우주 전체>가 참나인 것으로 경험된다.

붓타나[<명상 후의 일상>]에서도 - '몸' '프라나' '푸르다' '기쁨' 등이 경험되는 조건에서도 - 거기에는 <칫 즉 의식과의 동일성>을 가지는 [<의식이 나>라는 것을 알아채는] 견고함이 있다.

즉 명상(冥想)으로 생겨난 그 <합일 의식> 뒤에 남은 <인상(印象)의 힘["잔향(殘香)"]> 때문에, 거기에는 <합일 의식[우주 의식]>의 지속적인 경험이 있다.

<(우주) 의식과의 동일성>을 가지는 그 견고함이 지반 묵티다. 즉 아직 살아 있는 동안의 해탈이다.

그는 자신의 진정한 본성을 재인식(再認識)하는 것으로, 무지(無知)의 차꼬에서 완전히 용해된다.

스판다 카리카는 말한다.

<이런 깨달음>을 가진 자는
끊임없이 신성(神性)과 연합하여
세계 전체를 <자신의 놀이>로 본다.
그는 살아 있는 동안 해방되고, 의심은 없다.

어떻게 <의식의 지복>을 얻을 것인가?

제 8 장

쉬바

< 17 >
<중심의 발달>로 의식의 지복을 얻는다.

< 18 >
<생각의 용해>, <샥티의 수축과 확장>,
<바하의 단절>, <시종점(始終點)의 명상> 등이
방편이다.

< 19 >
사마디의 잔향(殘香)이 있는 일상에서,
거듭거듭 의식과의 동일성을 느낌으로
<영원한 사마디>를 얻는다.

< 20 >
그때 <빛, 지복이며 마하만트라의 힘의 근원>인
<나-의식(意識)>에 들어가는 것으로써,
<우주의 현현과 소멸을 행하는 신성(神性)들>에
대한 주권(主權)을 얻는다.
이 모든 것이 쉬바다.

< 17 >
\<중심의 발달\>로 의식의 지복을 얻는다.

madhya-vikasac chid-ananda labhah
마드야-비카샷 칫-아난다 라바

\<**중심의 발달**\>에 의해, \<영(靈)의 지복\>을 얻을
수 있다.
삼빗[\<**의식의 힘**\>]을 "**중심**(中心)"이라고 부른다.
의식(意識)이 이 우주에서 \<모든 것의 지지(支持)
혹은 배경(背景)[Substratum]\>이기 때문이다.

개아에서, 그것은 \<중심 **나디**\> 즉 **수슘나**로 상징
된다. 인간에서 \<**중심 의식**\>이 발달될 때, \<**수슘나
나디**\>가 발달될 때, 그때 거기에는 \<**(우주) 의식의
지복**\>이 있다.

\<중심의 발달\>로 의식의 지복을 얻는다.

삼빗 즉 \<**우주 의식**\>은, \<그것이 모든 것의 내밀
(內密)한 실재로서 현존하는 한\>, \<어떤 것이, 근원
혹은 지지로서 **그것**(에 의존하는 일)이 없이는 가능
하지 않는 한\>, **마드야** 즉 **중심**(中心)이다.

마드야는, 샴부[쉬바]의 견지에서는 모든 존재의 <내밀한 중심적 실재>인 <우주 의식>이다. 그것은 쉬바의 <순수한 나-의식>이다.

샥티의 견지에서는 갸나-크리야, <지식과 행위로 자신을 나타내(려)는 영적(靈的) 충동>이다.

아누의 견지에서는 마드야-나디, 즉 수슘나로 이다 나디와 핑갈라 나디 사이에 있다.

<내밀한 실재(實在)>이고, 또 <모든 가능한 것의 근원>임에도 불구하고, 경전(經典)의 언명(言明)은, "처음에, 삼빗은 프라나로 변형된다."이다.

여기의 프라나는, 프라나 바유의 이름이 아닌, <원초적(原初的)인 생명 에너지>를 말한다. 의식은 "프라나"로 변형되고, 점차로 물질화(物質化)된다. ["마하-프라나"라고도 한다.]

그것은 마야의 단계에서 자신의 진정한 본성을 숨기고, 프라나 샥티의 역할을 받아들이고, 하강의 순서로 붓디, 몸 등에서 쉬고, 수만 수천 나디의 길을 따른다.

거기에서도 즉 개체의 단계에서도 그것은 주로 <마드야마-나디의 형태>로 남는다. 그것의 실체는 프라나 샥티 형태의 브라흐만이다. 마치 팔라사 잎의 중늑맥(中肋脈)처럼, <브라흐마란드라로부터

아도-박트라까지> 바르다.

<마드야마-나디> 혹은 <중심 나디>라고 하는데,
모든 기능이 그곳에서 일어나 그곳에서 쉬기 때문
이다.

브라흐마란드라는 사하스라라를 말하고,
아도-박트라는 물라다라 차크라 아래에 있다.
수슘나는 팔라사 나뭇잎의 중늑맥으로,
거기에서 나온 나디는 세맥(細脈)으로 비유했다.
[팔라사 잎의 <중늑맥(中肋脈)과 세맥> 대신에,
큰 소나무의 <원줄기와 곁가지>로 읽으면 된다.]

<중심의 발달>로 의식의 지복을 얻는다.

그렇게 되어 있더라도, 그것의 본성은 파슈 즉
<무명(無明)의 지바>에게는 숨겨진 채로 있다.
그러나 모든 형상의 내밀한 실재인 삼빗[의식],
중심[마드야]은 앞에서 기술한 수단의 과정에 의해,
즉 <다섯 행위의 수행>으로 발달된다.
이것은 샴바보파야와 샥토파야로 발달되는 것을
말한다.

중앙의 브라흐마 나디가 발달될 때, 그때 그것의
발달 때문에 <(우주) 의식의 지복>을 얻는다.

여기 브라흐마 나디는 마드야 나디 곧 **수슘나**를 의미하고, 이것은 **아나보파야**로 발달되는 것을 말한다.

그래서 사람이 살아 있는 동안 해방이 온다.

<중심의 발달>을 일으키는 방법은……

< 18 >

<생각의 용해>, <샥티의 수축과 확장>,
<바하의 단절>, <시종점(始終點)의 명상> 등이
방편이다.

vikalpa-ksaya shakti-sankocha-vikasa
vahac-cheda adi-anta-koti-nibhalana adaya
iha upayah
비칼파-짜야 샥티-상코차-비카사
바핫-체다 아디-안타-코티-니발라나 아다야
이하 우파야

<중심 샥티>가 펼쳐지는 일은, **<생각의 용해>**
등이 방법이다.

모든 것의 중심을 형성하는 **삼빗**을 펼치는 일은,
이미 말한 대로, **다섯 행위** 과정의 주권을 따르는
것으로 얻을 수 있다. 그러나 다른 방법도 있다.

프라나야마, 무드라, 반다 등의 엄격한 훈련을
하지 않는 <쉬운(?) 방법>이 있다.

비갸나 바이라바의 112 가지 방편과 더불어 잘
알아 두어야 한다. 잘 아는 대로, <(물고기를 잡는)
방법을 알면>······

<생각의 용해>······

　수행자가 그의 **칫타**[<개체 의식>, **마음**]를
　삼빗[**칫**, 가슴, **중심**(中心)]에(만) 집중(集中)하여,
비칼파[**생각**]를 제지할 때 -
　실제로, "**생각**[**하는 일**]"이 우리가 **<나의 진정한
본성>**에 머무는 것을 방해한다. -
　<아무것도 생각하지 않는 것>으로,
　<**아-비칼파**[**니르-비칼파**]의 상태를 간직하는 것>
으로,
　그는 그의 **칫** 즉 **의식**을 진정한 **<아는 자>**로
"**아는**[**느끼는**]" 그런 습관에 익숙하게 된다!
　[<**의식**이 바로 **나**>라는 것을 늘 느끼게 된다.]

　그래서 짧은 시간 안에, 그는 **투리야**로의 흡수를
얻고, 또 <**투리야**를 초월하는 상태[**투리야-티타**]>를
얻는다.
　투리야는 <순수한 **의식**>의 상태이고, 다양성의
느낌이 없다. **우다나 샥티**가 활동적이다.
　투리야에서 시작한 <**합일**(合一) **의식**>은 **투리야-
티타**에서 극(極)에 달하고, <우주 전체>가 자신으로
보인다. **비아나 샥티**가 활동적이다.

220

이슈와라-프라탸비갸는 말한다.

"<비칼파를 포기하는 것>으로,
 <마음을 하나로 모으는 것>으로,
 사람은 점차 <이슈와라의 단계>에 도달한다."

스판다 카리카는 말한다.

마음의 동요(動搖)가 사라질 때
그때 <지고(至高)의 상태>가 있다.

그래서 갸나-가르바는 말한다.

"오, 세계의 어머니시여!

 사람이 <모든 정신적 활동[생각]>을 포기하고,
 <모든 감각적(感覺的) 활동으로 추구하는
 그 속박(束縛)>에서 풀려
 <순수한 상태[의식]>에 처했을 때,

 그때 당신의 은총으로
 저 <최고의 상태>는 즉시 실현되고,
 더 없는 <행복의 감로수>가 흘러내립니다."

<생각의 용해>……

이 방편을 처음에 기술했다. 그것이 가장 높고, <프라탸비갸 교설(教說)>에서 가르치기 때문이다.

❦   ❦   ❦

<샥티의 수축과 확장> 등의 방편은 프라탸비갸 교설에서는 가르치지 않지만, <성스러운 전통>에도 있고, 또한 일어나기 쉬운 전후 관계가 있다.

많은 방법을 말하게 되면, 누군가는 그것들 중 하나를 통해 사마베샤[사마디] 상태로 들어갈지도 모른다.

그것이 비갸나 바이라바가 그 <수많은 방편>을 소개하는 이유다.

❦

<샥티의 수축과 확장>……

<샥티의 수축>은 우리의 의식이 <참나 쪽으로 돌아서는 것>을 의미한다. 그것은 <철수의 과정>을

통해서다. 즉 <감각의 문(門)을 통해, 대상을 향해 외부로, 외부로 끊임없이 퍼져나가는 (우리의) 이 의식[마음, **주의(注意)]의 철수(撤收)**> 말이다.

카타 우파니샤드는 말한다.

"<구멍이 **밖**으로 뚫려진> **나**라는 존재는
 그렇게 **바깥**만을 본다. **안쪽**에 있지 않다.
 불멸(不滅)을 맛보려는 현명한 사람은
 <거꾸로 박힌[**내면**을 향하는] 눈>으로
 내재(內在)한 **참나**를 본다."

<**샥티의 수축**>은 모든 방향에서 외부로 향하는 샥티를 갑작스레 안으로 돌리는 것을 말한다. 깜짝 놀란 거북이가 <네 발과 목을 안으로 오므리듯이> 말이다.

어떤 경전은 말한다.

"그것이 역전(逆轉)될 때, 거기에는 <**항존(恒存)** [아트만]> 안에서 쉼이 있다."

☯

<샥티의 확장>은 <모든 감각 기관의 동시적인 열림>의 결과이다.

"<외적인 시각(視覺)[눈(眼)]>은
- 눈꺼풀을 감거나 닫는 일이 없이 -
꾸준히 (외부) 대상을 지켜보고 있는 동안도,
<[열망(熱望)하는] 참 대상(對象)>은
내면(內面)에 보이도다."

<감각의 외적인 확장>과 <내적인 흡수>라는 이 기술은 <바이라비 무드라>로 알려져 있다.

카쨔스토트라는 말한다.

"**의지(意志)로**, <보는 것> 등과 같은 모든 힘을 동시에 그리고 모든 면(面)에서 각각의 외부 대상 속으로 던지고, 금(金)기둥처럼 [나의] **내면(內面)에** 움직이지 않고 **남으면**, 당신[즉 **쉬바**] 홀로 <우주의 기초>로 나타난다."

위대한 학자, **칼라타**는 말한다.

"**<마드야 샥티의 확장>** 혹은 발달은, 형상 등이 있을 때조차도 변형(變形)으로 성취된다."

여기서 변형이란, 의식 그 자체는 <밖으로 가는 것>과 <안쪽으로 있는 것>이 똑같은 것이라고 보는 시각을 말한다.

[변화를 통해 변화를 소멸하라.]

❧

<샥티의 수축과 확장>이 관련되는 한, **확장**은 <확장의 조건>과 또 <두 눈썹 사이에서 **프라나**를 억제하는 것으로써, 서서히 생겨난 **우르드바 쿤달리니** 단계에서 쉬는> 수행을 포함한다.

프라나의 억제는 비강(鼻腔)에서 진동의 조절을 통해 서서히 발달되는 <미묘한 **프라나**의 힘>으로 얻는다.

아다 쿤달리니의 상태에서, 그것의 위치(장소)는 **프라나 샥티**의 강화 뒤 여섯째 기관인 <항문(肛門) 뿌리 근처, **물라다라** 아래에 있는> **메드라칸다**로 알려져 있으며, 그것의 뿌리, 끝, 그리고 가운데에 입구 혹은 흡수가 있다.

[참고로, 여기에서 <다섯 기관[**박트라**, "입"]>은 눈, 귀, 코, 입, 항문을 말하며, 그리고 <**쿤달리니** 이야기>는 다른 곳에서 좀 더 깊이 다루어볼 생각이고, 여기서는 몇 가지 은어(隱語)(?)를……

아다 쿤달리니 상태에서, (이제) <프라나가 물라다라 쪽으로 내려가는 것>을 <상코차[수축] 혹은 바니[불]>라고 한다.

잘 아는 대로, 프라나, 아파나 샥티가 <수슘나> 속으로 들어가, <쿤달리니(칫) 샥티가 올라가는 것>을 우르드바 쿤달리니라고 한다.

(이제) <아다 쿤달리니 속으로 들어가는 것>이 상코차[수축]와 바니[불]이고,

또 <우르드바 쿤달리니 속으로 올라가는 것>은 비카사[확장]와 비샤[독(毒)]이다.

그리고 또 바니[불]는 프라나 바유의 상징이고, 비샤[독]는 아파나 바유의 상징이기도 하다.

프라나가 수슘나로 들어가 물라다라로 내려갈 때, 그 상황이 바니[불]다.

<아다 쿤달리니의 뿌리 전체와 가운데 반(半) 속으로 들어가는 것>을 "바니[불]" "상코사[수축]"로 부른다. 또 불은 <아그니 여신>을 말한다.

물라다라 쪽으로 프라나를 "운반하기" 때문에 바니라고 하는데, 바니는 "불(火)"을 의미한다.

<아다 쿤달리니의 끝 전체와 가운데 나머지 반 속으로, 우르드바 쿤달리니의 가장 낮은 지점까지 들어가는 가는 것>은 "비샤[독]"로 알려져 있다.

비샤는 "독(毒)"으로 온몸에 "퍼진다." 비샤는 편재(遍在), 확장, 프라사라, 비카사의 뜻이 있다.

요약(要約)하면, 프라나와 아파나가 수슘나 나디 속으로 들어갈 때, <개인 의식> 즉 우리의 마음은 <바니와 비샤 사이>, 다른 말로 <아다 쿤달리니와 우르드바 쿤달리니 사이>에서 멈춘다는 것이다.

칫타[마음]는, 바유[호흡]가 <콧구멍>을 통해서든 <항문(肛門) 혹은 (남성의) 성기(性器)>를 통해서든, 움직이지 않는 방식으로 억제되어야 한다.

마음[생각하는 일]과 호흡은 서로 관련이 있다! 호흡(呼吸)을 억제하면 마음도 억제된다.]

그래서 비갸나 바이라바는 말한다.

사정(射精)하려고 애쓰지 말라.

"<저절로>든, <호흡(呼吸)>에 의하든
바니와 비샤의 중간에 집중하라.
<성교(性交)의 열락(悅樂)>에 젖으리라."

그러므로 바니는, <프라나가 메드라칸다 속으로 들어가는 과정>에 의한 <수축의 단계>를 나타내고,

또 **비샤**의 위치(장소)는 <**프라사라**의 기법(技法)>에
의한 [(구석구석 스며들어) 편재(遍在)하는] <확장의
단계>를 나타낸다.

[**프라사라**는 <확장>이란 뜻으로, 즉 **샥티**를 통해
우주의 형태 속에 나타나는 <**쉬바**의 현현(顯現)>을
말한다. 예(例)로 <**쉬바-링가**> <**요니**> 등도 있다.]

이런 식으로, **칫타** 즉 **마음**이 <**아다 쿤달리니**와
우르드바 쿤달리니 사이>에 멈춰질 수 있을 때,
성교(性交)는 외부적인 것이 되고, <합일(合一)의
느낌>은 내면적이 된다. 그것이 **탄트라**가 말하는
"**스마라난다**" 즉 <성교의 열락(悅樂)>이다.
불(火)과 독(毒)의 중간에 집중하라!

❧

다시 앞 절(17절)의 경문을 보자.

<중심의 발달>로 의식의 지복을 얻는다.

온전(穩全)은 <**마드야**의 발달> 즉 **중심의 발달**로
온다. 그것은 **아누** 혹은 **지바**에서는 <**수슘나**에서
프라나 샥티의 발달>을 의미한다. **중심의 발달**의
한 방법이 <**샥티의 수축과 확장**>이다.

"**수축**"과 "**확장**"이라는 말은…… 하여튼 **상코차** 즉 **수축**은 다음의 훈련을 포함한다.

마음이 <감각의 수단으로 외부 대상 쪽으로 가고 있는 동안도>, <감각기관이 형태, 색깔, 소리, 냄새 등을 파악하려고 활발히 기능하고 있는 동안도>, 주의는 그런 것에서 **철수(撤收)되어** <모든 활동의 근원과 배경인 **내면의 실재**> 쪽으로 **향한다**.

비카사 혹은 **확장**은, 마치 <바이라비 무드라의 수행>처럼, 감각기관이 열려 있는 동안도 <**내면의 실재에 집중(集中)하는 것**>을 말한다.

즉 **수축**은 <외부의 대상으로부터 주의(注意)의 철수(撤收)>를 암시하고,

확장은 <눈, 귀가 그 대상에 열려 있는 동안도, 주의(注意)가 **내면의 의식**에 집중(集中)하고 전혀 밖으로 나가지 않는 것>을 말한다. 감각기관이 그 대상을 향하더라도, "**나**"는 금(金)기둥처럼 내면에 굳게 남는 것을 의미한다.

<**수축과 확장**>은 우르드바 쿤달리니 수준에서는 <프라사라와 비슈란티의 기법>으로 더 개발되어야 한다. **프라사라**는 실제로는 **비카사**와 동의어이고, **비슈란티**는 **상코차**와 같다.

수행자는 **수슘나**에서 **프라나 샥티**를 개발하는데, <두 눈썹 사이에 그것을 제어(制御)하는 것으로>

우르드바 쿤달리니 수준을 성취한다. 여기서 그는 <프라사라와 비슈란티>를 수행한다.

<수축과 확장>의 수행은 **아다 쿤달리니**에서도 개발되어야 한다. ["**아다 쿤달리니**" 즉 <밑의(?) **뱀**>이라……]

(이제) <**아다 쿤달리니**의 뿌리 전체 및 중간의 반(半) 속으로 완전히 들어가는 것>을 **상코차[수축]** 혹은 **바니[불(火)]**라고 한다고 했고,

<중간의 나머지 반과 끝 전체 속으로, **우르드바 쿤달리니**가 끝나는 곳까지, 위로 완전히 들어가는 것>을 **비카사[확장], 비샤[독(毒)]** 혹은 <운밀라나 사마디>라고도 한다.

<샥티의 수축과 확장>……

가만히 생각해 보면, **<이 세상의 모든 것>**이 이 **<세 마디 말>** 속에 다 들어 있다!

두고두고 음미(吟味)해야 할 말이다. **모든 힘의 수축과 확장의 조화(造化)**…… 그래서 중도(中道)와 균형(均衡)과 조화(調和)가…… 아주 좋은 방편이다.

샥토파야 그 자체다.

☯   ☯   ☯

<바하의 단절>……

바하는 프라나와 아파나로 이해되고, 아파나는
오른쪽 나디와, 프라나는 왼쪽 나디와 관련된다.
체다는 <단절(斷切)>로, 속으로 <카> <하> 등의
아낫카 소리로 멈추는 것을 말한다. 그러나 그렇게
되기 전에, 그것들은 가슴에서 멈출 것이다.
아낫카는 <카> <하> 등에서 모음 없이 소리를
내는 것이다. 이것의 진정한 의미는 어떤 만트라에
아주 집중하여, 그 "<중얼거리는 일>의 범위 안에
있지 않은" 근원(根源)>으로 들어가는 것이다.

비갸나 바이라바는 말한다.

옴의 중심 소리를 찾아라.

갸나 가르바는 말한다.

"마음이 조절된 사람의 <가슴의 연꽃>에서,
모음 없이 <카>를 발음하는 것으로
그의 두 나디의 흐름은
제어되고 고요할 것입니다.
그의 맹목(盲目)은 사라지고,
그의 지식(知識)은 싹틀 것입니다.

오, 세계의 어머니시여.

그것은 파슈에서라도

파라메샤성(性)을 낳기에 적합합니다."

❀   ❀   ❀

<시종점 (始終點)의 명상>……

　<시작점(點)>은 **가슴**이고, <끝나는 점>은 <열두 손가락 거리[드와다샨타]>이다.

　니발라나는 <**훈련**, (**명상**) 수련>이다.

　나의 마음을 <프라나가 오르는 시각(時刻)>과 <끝나는 시각>에 <흐리다야[**가슴**]와 **드와다샨타**> 사이에 고정하는 훈련이다.

　프라나 즉 **날숨**은 가슴 즉 <횡격막의 중앙>에서 시작하여 **드와다샨타** 즉 <두 눈썹 사이의 중앙에서 위로 열두 손가락 거리>에서 끝나고,

　또 **아파나** 즉 **들숨**은 드와다샨타에서 시작하여 가슴에서 끝난다.

　[비갸나 바이라바에서 처음에 소개되는 방편들로 (약간 다르게) 다루었다.]

<호흡 수련>은 마음[칫타]을 프라나 즉 **날숨**이 시작할 때는 가슴에, 그것이 끝날 때는 <두 눈썹 중간의 열두 손가락 거리>에 고정하고,

또 **아파나** 즉 **들숨**이 시작할 때는 드와다샨타에, 끝날 때 가슴에 고정한다.

이것은 불교의 <프라나-아파나 스므리티 요가> 혹은 <파나파나 사티 요가[출입식-념 수행(出入息念修行)]>로 알려져 있다.

비갸나 바이라바는 말한다.

복을 받은 자여!
감각을 가슴으로 흡수하라.

"오, 아름다운 이여.
그의 감각이 **가슴**으로 흡수된 자는,
의식(意識) 외에는 모든 것을 배재하는 자는
<최고의 행복[지복(至福)]>을 얻는다."

활동하면서 두 숨 사이에 주의하라.

"언제 어디서든, 마음을 **드와다샨타**에 고정하면,
마음의 동요는 사라지고
며칠 안에 <굉장한 상태>를 경험하리라."

아디 즉 <등(等)>이라는 말은 - **등이 방편이다.**
- <운메샤 상황의 수행>과 관련된다.

스판다 카리카는 말한다.

그것은 "운메샤"로 알려져 있고
스스로 경험해야 한다.

"운메샤"는 카시미르 쉐이비즘의 전문 용어로,
스판다 카리카에서 상세히 다룬다.

우리 마음은 <한 생각>에 점유(占有)되어 있다가
<다른 생각>이 일어난다. 그때 <그 두 가지 생각
사이의 교차점(交叉點)에서 쉬는 것>을 **운메샤**라고
한다. **우리는 스스로 그것을 지켜볼 수 있다.**
마음의 본성은 <한 생각에서 다른 생각으로> -
연상(聯想)을 통해서나 아니면 불현듯이 - 연속적
(連續的)으로 이어진다. 그러나 그때 수행자가 <한
생각이 끝나고, 다른 생각이 일어나기 바로 전에
정신적으로 쉰다면[멈춘다면]>, 그는 "운메샤"라는
특질을 개발하는 것이다.

그것은 <두 생각 사이>의, <두 이미지 사이>의
스판다에 쉬는 것을 말한다. <그 생각과 이미지가
나타나는 배경(背景)>인 **의식**(意識) 안에 쉬는 것을
말한다.

☯

이런 개념으로, <기쁨의 대상들>을 <맛보는 것>
등을 **비갸나 바이라바**는 또한 요약한다.

먹고 마셔라. 그리고 느껴라.

"먹고 마시는 즐거움의 **확장**을 경험할 때,
그 <만족(滿足)한 상태>를 명상하라.
그때 <지고의 희열>이 있다."

사슴의 눈을 가진 이여!
보고 맛볼 때, 그대가 있음을 알라.

"노래나 음악 등의 대상(對象)과
[비길 데 없는 기쁨으로] <하나>가 될 때,
사람은 실제로 마음이 용해(溶解)되어
그것과 <하나>가 된다."

만족을 느껴라.

"마음이 만족을 얻는 때마다
마음을 오로지 그곳에 집중하라.
모든 경우에서, 본성이 빛날 것이다."

그러므로 <**참나**의 기쁨>에 관한 것이라면, 다른 수많은 명상 방편도 고려될 수 있다.
등(等)이라는 말은 <**중심의 발달**>에 관한 그런 방법을 말한다.

☯

<**중심의 발달**>로부터 <영(靈)의 행복>을 얻는다. 이 <영의 행복>, <**의식의 지복**>의 성취는 정말로, <최고 수행자>의 **사마디**요, <은혜(恩惠)를 입은 자>의 구속(救贖)[atonement]이다.
[여기에서 구속, 속죄(贖罪)는 "at-one-ment" 즉 <하나됨>을 말하고, **사마베샤[아베샤]**, **사마팟티**는 **사마디**의 동의어다.]

그러므로 그 **사마디** 즉 <**영원한 사마디**>를 얻기 위해서는……

< 19 >
사마디의 잔향(殘香)이 있는 일상에서,
거듭거듭 의식과의 동일성을 느낌으로
<영원한 사마디>를 얻는다.

samadhi-samskara-vati vyutthane
bhuyo bhuyah chid-aikya amarshan
nityodita-samadhi labhah
사마디-삼스카라-와티 뷧타네
부요 부야 칫-아이캬 아마르샨
니툐디타-사마디 라바

뷧타나 즉 일상(日常) 생활에서도, 그런 수행자는
<니밀라나 사마디의 과정으로> 우주 전체가 **의식**
속으로 용해되는 것을 본다.
그렇게, 그 **요기**는 <크라마 무드라로> <**영원한**
사마디>를 얻는다.

사마베샤를 얻은 위대한 **요기**는, 뷧타나로 여겨
지는 경우에서조차도 아직 <사마디의 상태>로 가득
하다.
그는 행위(行爲) 등의 **일상**(日常)의 조건에서도,
존재물 덩어리 전체가 가을 하늘의 한 점 구름처럼

<의식의 하늘>로 용해(溶解)되는 것을 보고[이것은 몸에 대한 정체성의 미혹이 사라질 때 나타난다], <사마디의 잔향(殘香)으로> 기쁨의 춤을 추면서 - 마치 마약에 중독된 자처럼 - 다시 또 다시 내향에 의지하여 <니밀라나 사마디의 과정>으로 의식과의 동일성을 명상한다.

붓타나는 <일어나는>의 뜻으로, 명상(冥想) 뒤에 보통[일상(日常)]의 의식으로 <오는> 것을 말한다.

니밀라나 사마디는 <눈을 감은 상태의, 내향적인 명상>으로, <개체 의식[마음]>은 <우주 의식[의식]>으로 흡수된다. 여기서는, 대상은 대상의 흔적조차 사라지고, 의식과 하나가 된다. 이것은 진정한 내향으로, 완전한 <나-의식>으로 이끈다.

크라마 무드라는 크라마 수트라의 정의대로다. 여기에서, 마음은 내면과 외부로 번갈아 움직인다. 내면은 우주 의식으로 나타나고, 외부는 (더 이상 세상으로 보이지 않고) 쉬바[우주 의식]의 모습으로 보인다.

여기 무드라는 <손가락 등의 어떤 자세(姿勢)나 배치(配置)>가 아니다. 더 깊은 다른 의미다.

크라마 수트라는 말한다.

"사다카 즉 수행자는 밖을 보는 동안도
<크라마 무드라로> 사마베샤에 남는다.
<크라마 무드라>는 **내향**(內向)이 특징이다.
아베샤의 힘으로 이것이 일어난다.

우선은 의식이 외부로부터 내면으로 **들어간다.**
그다음 내면에서 외부로다.
그러므로 <크라마 무드라>는
외부와 내면의 본성 둘 다이다."

크라마는 <현현, 유지, 소멸>로 순환(循環)하는,
의식의 연속(連續)을 의미한다.
무드라는 무드라야티 즉 <의식의 **네 번째** 힘>은
(의식적으로) <자신의 것>을 <이미 자신의 **참나** 안
에서 쉬는 세계 과정>으로 만든다는 의미다.
그러므로 <크라마 **무드라로**>는, <(의식적으로)
방사, 유지, 재흡수의 연속을 자신에게 받아들이는
우주 의식의 **투리야의 힘으로**>, 이미 자신의 **참나**
안에서 쉬고 있다는 말이다.

사다카 즉 <최고의 수행자>는 외향(外向)일 때도
- 감각의 대상들과 자신이 바쁜 동안도 - <최고의
샥티를 펼치는 일을 실현한 자>가 된다.
이것은 "**크라마 무드라로**" 할 수 있다.

이 과정은 <외부의 감각 대상 전체>를 내면으로 받아들임으로, 바로 그 <받아들임의 과정>에 의해 내면 혹은 **사마베샤** 안으로의 침투가 일어난다.

다시 내면을 통해 즉 <**사마베샤**의 힘으로> **칫샥티**의 실현을 통해, 외부(外部)로 침투가 있다.

<외부화(外部化)의 과정[바마나]>에 의해, <이것>으로 나타나는 <감각 대상들의 전체성(全體性)> 속으로의 침투가 있다.

이 <침투[**프라베샤**, 들어감]> 또한 **우주 의식**의 응고화(凝固化)라는 현현의 **사마베샤**다.

그의 <영원하고 능동적인 **사마베샤**> 즉 <**영원한 사마디**>는 **외향**(外向)**과 내향**(內向)**이 동시적이다.**

그것이 **무드라**의 본성이다. 어원(語源)이 그렇다.

(1) **무담 라티** : **무다**[기쁨]를 주는 것
(2) **뭄 드라와야티** : **무**[차꼬]를 녹이는 것
(3) **무드라야티 이티** : 우주를 **투리야** 속으로 봉인(封印)하는 것

그것은 또 **크라마** 즉 <연속(連續)> <순환(循環)>이라고도 한다.

(1) 방사, 유지, 소멸의 연속(連續)으로 나타나고

(2) 자체가 <연속적인 모양>으로 구성되기 때문이다.

이제 <사마디의 성취>의 열매를 기술한다.

< 20 >

그때 <빛, 지복이며 마하-만트라의 힘의 근원>인
<나-의식(意識)>에 들어가는 것으로써,
<우주의 현현과 소멸을 행하는 신성(神性)들>에
대한 주권(主權)을 얻는다.
이 모든 것이 쉬바다.

tada prakasha ananda sara
   maha-mantra-virya-atmaka
purna-ahanta veshat
sada sarva sarga-samhara kari
   nija samvid devata chakra
   ishvarata praptir bhavati
iti shivam

타다 프라카샤 아난다 사라
   마하-만트라-비랴-아트마카
푸르나-아한타 베샷
사다 사르바 사르가-삼하라 카리
   니자 삼빗 데바타 차크라
   이슈와라타 프랍티르 바와티
이티 쉬밤

수행자가 <크라마 무드라> 등에 능숙(能熟)하게 되었을 때, **그때** 그는 <진정하고 완전한 **나-의식 (意識)**> 혹은 **참나** 속으로 들어갈 수 있고, 그래서 <**항상(恒常) [우주의 현현과 소멸을 행하는] 의식-신성(神性) 군(群)**>에 **대한 주권(主權)을 얻는다**.

그 <완전한 **나-의식**>은 빛[프라카샤]과 **지복**으로 가득하다. 개아는 더 이상 그의 <거친 몸[육체]>과 <미묘한 몸[마음]>, <프라나>, <감각> 등을 "나"로 여기는 미혹(迷惑)에 빠지지 않고, <(내면의) **신성 (神性)의 빛**>을 <진정한 **나[참나]**>로 여긴다.

이 <진정한 **나**>가 삼빗, 사다쉬바, 마헤슈와라다. 이 <**나-의식**>은 <모든 대상적인 경험이 **참나** 안에서 쉬는 것>을 말한다.

그것은 또한 스와탄트리야로 <**절대 자유**>이고, <**의지(意志)의 주권(主權)**>이고, <**모든 것**[우주]의 **근원적 작인(作因)**>이다.

이 <**나-의식**>은 모든 **만트라의 근원(根源)**이다. 즉 <이 우주의 모든 소리의 근원>이고, <우리 인간 세상을 장악하고 있는 모든 말[언어]의 근원>이다. 그러므로 그것은 엄청난 **힘**이다. 그것은 **우주 의식** 그 자체다.

이 **의식**을 얻는 것으로, 사람은 **우주의 현현과 소멸을 행하는** 이들 샥티의 **주(主)**가 된다.

그때 <빛, 지복이며 마하-만트라의 힘의 근원>인
<나-의식>에 들어가는 것으로써,
<우주의 현현과 소멸을 행하는 신성(神性)들>에
대한 주권을 얻는다.
이 모든 것이 쉬바다.

<지속적인 사마디>를 얻게 되면, <의식의 신성
그룹>에 대한 주권을 얻는다. 그 그룹[힘]은 항상
우주에서 모든 종류의 방사[현현]와 흡수[소멸]를
일으킨다. 카알라-아그니로 시작하여 샨타 칼라로
끝나는 우주 말이다.

<의식(意識)의 신성 그룹[삼빗 데바타 차크라,
신성(神性)들]>은
대우주(大宇宙)의 견지에서는 케차리와 고차리,
딕차리, 부차리 차크라를 말하고,
소우주(小宇宙)의 견지에서는 <제한된 아는 자>,
<내적인 감각>과 <외부적 감각>, <제한된 대상적
지식>을 말한다.

☯

참고로 아비나바굽타는 우주를 이렇게 분류했다.
우주의 <전체 현현>은 다섯 단계[칼라]다.

1) 니브릿티 칼라 :

   프리트비[地] 탓트와 하나로 구성되고,

   16 부와나[세계, 국면]를 가진다.

   카알라-아그니 루드라 부와나라고도 한다.

2) 프라티슈타 칼라 :

   아파스[水]에서 프라크리티까지 23개 탓트와로,

   56 부와나를 가진다.

3) 비디아 칼라 :

   푸루샤에서 마야까지 7개 탓트와로,

   28 부와나를 가진다.

4) 샨타 칼라 :

   슛다 비디아에서 사다쉬바까지 3개 탓트와로,

   18 부와나를 가진다.

5) 샨타티타 칼라 :

   쉬바와 샥티 탓트와로,

   부와나는 없다.

   부와나의 합은 < 16 + 56 + 28 + 18 = 118 > 이며,

   파라마 쉬바는 모든 칼라를 초월한다.

<자연적 **차맛카라**> 혹은 <**프라카샤와 아난다**>가 핵심인 <**나-의식**> 속으로 **들어가는 것으로** -

<**나-의식**>, 그것은 <모든 만트라의 영혼>이고, 완전하다. 즉 최고의 **비마르샤**이다. -

(이런 문맥에서) **요기**에게 이런 **주권**이 생긴다. 이것이 그 의미다.

비마르샤에는 세 가지가 있다.

1) **파라 비마르샤**는 <**쉬바**의 **비마르샤**>이다.
<나[아는 자]>와 <이것[알려지는 것]> 사이에는 아무런 분별이 없다.
아베다[단일성(單一性)]이다.
<**아함 비마르샤**>이고, <자연적인 **차맛카라**>다.

2) **아파라**는 <개아[**아누**]의 **비마르샤**>이다.
<나[아는 자]>와 <이것[알려지는 것]> 사이에 구별이 있다.
베다[다양성(多樣性)]이다.

3) **파라-아파라**는 <**샥티**의 **비마르샤**>이다.
<나[아는 자]>와 <이것[알려지는 것]> 사이에 구별이 있지만, 영원히 초월된다.
베다-아베다[단일성 안의 다양성]이다.

이티 쉬밤은 "**이 모든 것이 쉬바**(의 형태)**다.**"란 뜻이다. - 이것이 결론이다!

<인식되는 것[**프라메야**]>이 무엇이든, 그 핵심은 <인식[**프라마나**]>이다. 이것에서 다시, <(내면의) 인식하는 자[**프라마타**]>가 핵심적 진리(실재)다.

이 <인식하는 자>는, <**사다쉬바-이슈와라**성(性)>이 핵심이다. <몸 등의 제한적인 것>과의 동일시의 느낌은 용해되고, 그의 몸은 <우주 전체>다.

이 <**사다쉬바-이슈와라**성>의 최고는 **쉬바** 자신이다. 그는 우주 전체의 **차맛카라** 혹은 **비마르샤**로 가득하다.

이 **비마르샤**는 모든 현현의 근원인 **프라카샤**와 함께하여 <존재[Being]라는 **하나**[**에카-삿-바와**]>가 된다.

<**궁극의 실재**[**파라마 쉬바**]>는 프라카샤[빛]만이 아닌 비마르샤이다. 즉 "**의식을 의식하고 있다.**"

비마르샤는 <자신을 아는 것>, <**아는 자를 아는 일**>, <최고 **실재**의 **나-의식**>이다.

그러므로 우주의 현현, 유지, 소멸을 일으키고, 또 그것을 **나-의식**의 기쁨과 동일하게 느끼는 것은 **비마르샤**이다.

차맛카라는 창조성의 놀라운 기쁨이다. 여기서는 <아함-비마르샤> 즉 <현현 전체를 '나'로 의식하는 기쁨>을 의미한다.

이 <아함-비마르샤>는 **프라카샤**와 더불어 있는 <하나임>의 느낌의 결과이다.

궁극(窮極)은 **프라카샤-비마르샤-마야**다. 그것은 우주의 <현현과 미현현의 상태> 둘 다이고, 우주의 <영원한 근저(根底)>다.

여기서 <**실재**(實在)의 상승 단계>를 요약하면
<첫째 단계>는 **프라메야**[<알려지는 것>]이고,
<둘째 단계>는 **프라마나**[지식]이고,
<셋째 단계>는 **프라마타**[<경험하는 자>]이고,
<넷째 단계>는 **사다쉬바**이고,
<최고 단계>는 **마헤슈와라**다.

<최고 **실재**의 빛[프라카샤, 근원]>으로 들어가는 것 없이는, 어떤 것의 현현도 있을 수 없다. 그리고 최고의 **주**(主)는 **지복**(至福)[아난다]으로 가득하다.

그는 <**절대 자유**>로, 모든 욕망에서 자유롭고, 그의 존재는 완전하고, 그의 소유는 **자갓-아난다**의 상태인데, 그 자신으로 세계 전체를 만들었기 때문이다.

자갓-아난다는 <우주로 나타나는 기쁨>을 의미
하며, 카시미르 쉐이비즘의 전문 용어다.

세상은 기독교가 말하는 <죄악(罪惡)의 곳>도, 또
불교의 <일체개고(一切皆苦)의 곳>도 아니다.

세상(우주)은 신성의 기쁨으로부터 떨어져 있는
어떤 것이 아니라, <(눈으로) 보이는 신성의 기쁨>
그 자체다.

아비나바굽타는 탄트라 알로카에서 노래한다.

여기는 구분도 제한도 없다
그것이 모든 곳에 번쩍이기에.

여기는 **의식**(意識)이 완전하고
의식 홀로 자신을 나타내도다
<아는 자> <앎> <알려지는 것>.

신성(神性)의 슬로 넓어지니
상상과 명상은 필요 없도다.

이것이 곧 <우주의 기쁨>이라네.

☯

또 세계 전체는, <아>에서 <크샤>까지 <마야에 속하지 않는 말>의 집단 전체에 대한 반영에 의해, <지시자(指示者)[말, 바차카]>와 <지시되는 것[대상, 바챠]>으로 구성된다.

[<말(언어, 용어)의 지배> 아래 있는 나 자신을 다시 한 번 생각하며, 찬찬히 읽기를 바란다.]

<파라 샥티>와 <파라 바크> 간에는 어떤 일치가 있다. <파라 샥티>는 모든 대상(對象)을 만드는 <신성의 힘>이고, <파라 바크>는 모든 말의 근원인 <신성의 말>이다.

사람은, 문자나 말로 구성되는 만트라로써, 여러 샥티들과 접촉할 수 있다. 모든 말은 바차카이고 모든 대상은 바챠이다. 그리고 바챠[대상]는 사실, <파라 바크[신성의 말]>를 보이게 한 것 외에 아무 것도 아니다.

그러나 <파라 바크[신성의 말]>는 마야의 영역 밖인 <아-마이야>다.

말에는 두 가지 종류가 있다.
<마이야 말> 즉 <마야에 속한 말>과
<아-마이야 말> 즉 <마야에 속하지 않는 말>.

<마이야 말>은 그 의미가 관례에 의해 부과된 것이다. 그것은 **비칼파** 혹은 <상상의 구조물>이다.

<아-마이야 말>은 **니르-비칼파**이고, 그 의미가 곧 그 실재이다. 상상의 부과, 관례 등에 의존하지 않는다. 그것은 **친마야** 곧 <순수한 **의식**>이다.

그러므로 **아쿨라**의 본성인 <아>에서 시작하여 **샥티**의 확장의 표시인 <하>까지, <아>와 <하>의 조합으로써 <확장된 우주>는 - <크샤>는 확장의 끝을 표시한다. - 외부로 번쩍이고, 그리고 **프라탸하라**의 방법으로 내면으로 향한다.

그리고 <분화되지 않은 의식>의 상징인 **빈두**의 형태로 <최고의 **실재**> 안에서 쉰다.

[이것은 『**쉬바 수트라**』에서 설명한 것이다.]

그러므로 이 <자연적인 **비마르샤**> 혹은 <내적인 경험[<**나-의식**>]>은 말의 총집합체의 근원이다.

"**쿨라**는 **샥티**이고, **아쿨라**는 **쉬바**이다."

쿨라[전체성(全體性)] 혹은 <현현(顯現) 전체>는 **샥티**이고, <이 현현 전체에서 실종되지 않는 자>가 **아쿨라** 즉 **쉬바**다.

마트리카 차크라에서, 문자 <아>는 **쉬바의 본성**이다.

그리고 여기의 **프라탸하라**는 파탄잘리 **요가**의 <감각의 철수>를 말하는 것이 아니고, **산스크리트** 문법의 전문 용어로, <(경문의) 첫 문자와 마지막 문자의 조합으로, **여러 문자를 한 음절로 이해하는 것**>을 말한다.

첫 문자 <아[A]>와 끝 문자 <하[Ha]>의 조합은 "**나**"의 <아함[Aham]>을 암시한다. <아하[Aha]>는 **산스크리트**의 모든 문자를 포함하고, 또 각 문자는 대상을 가리키기 때문에 <아하[Aha]>는 모든 대상 즉 우주를 상징한다.

그리고 **빈두** 즉 <하[Ha] 위의 점(點)>은 <**쉬바**가 **샥티**를 통해 **프리트비**까지 나타났다고 하더라도, 그는 또한 **분화되지 않고 똑같은 것으로 남는다**>는 사실을 나타낸다.

웃팔라데바는 말한다.

"자신 안에서 <모든 대상적인 경험>이 쉬는 것은 <**나-느낌**>이 의미하는 무엇이다.

이 <(자신 안에서) 쉬는 것>을 <의지의 주권>, <근원적인 행위성>, <주권>이라고 부른다.

그것은 <상대적인 모든 의식>은 폐기되고, 자신 외에는 어떤 것도 의존하지 않기 때문이다.”

이 <나-느낌>이 엄청난 힘의 단계다. 왜냐하면 모든 만트라[즉 모든 <말하는 주체>와 <언어>]가 그것에서 일어나고 그 안에서 쉬기 때문이다. 또 그 힘으로 대상과의 모든 활동이 수행된다.

스판다 카리카와 쉬바 수트라는 말한다.

그 힘을 의지하는 만트라는
전지(全知)의 힘을 행하여

그 헌신자의 마음과 함께 용해된다.
그러므로 그것들은 쉬바의 본성이다.

거대한 호수로 용해되어,
만트라의 근원을 경험한다.

여기서 엄청난 <만트라의 **힘의 근원**>인 <완전한 **참나**> 속으로 **용해(溶解)**되는 것은, <몸, 프라나 등을 가라앉히는 것으로> **거대한 호수**와 <하나>가 되는 것이다.

<완전한 **참나**>의 그 단계에서 머무는 것으로,
‘몸’‘푸르다’등의 경험을 그 핵심에 **용해**하는 것
으로 말이다.

그래서 다음에 그 무엇이 나타나든 - 예를 들어,
‘몸’‘기쁨(내면의 경험)’‘푸르다(외부의 경험)’등,
혹은 **붓디**로써 무엇이 알려지든,
아니면 **마나스**로 무엇이 기억되고 생각이 나든,
이 모든 경우에서 -
그것은 단지 <**칫 샥티**의 **놀이**>일 뿐이다. <모든
경험의 배경(背景)으로 번쩍이는 것> 말이다.

“<그것>의 번쩍임이 없다면,
어떤 것의 번쩍임도 없다!”

오직 이런 방식의 **번쩍임**이 있는 동안만, 그녀는
<**마야 샥티**에 의해>‘몸’‘푸르다’등을 떠맡는 것
으로[즉 ‘몸’‘푸르다’등을 자신으로 여겨서] 이런
저런 것으로 나타나고, 지식, 생각, 결심 등을 하며
<**마야**-주체[지바, 에고]>로 간주(看做)된다.
그러나 실재에 있어서는, **칫 샥티**는 <하나>이고
똑같다.

이슈와라-프라탸비갸는 말한다.

"<다양한 대상들의 연속(連續)>으로 채색(彩色)된 그 **의식(意識)**은 <위대한 **주(主)**> 외에 다른 것이 아니다.

그는 <최고의 **아는 자**>이고, <연속(連續)이 없는, 무한의 **의식**>이다."

"**주**의 <마야 샥티> 때문에, 그녀 자신은 <다양한 알려질 수 있는 것>으로 행하여, <지식>, <생각>, <결심> 등의 이름이 있다."

그러므로 그것은 하나이고, 여러 가지 방식으로 나타나는 똑같은 **칫 샥티[의식(意識)의 힘]**이다.

만약 수행자가 <그녀 속으로 들어가고> <견고히 움켜쥔다면>, 그녀를 얻을 수 있다. 그때 수행자는 <그녀 속으로 들어가는 것으로>, 또 <감각(感覺)을 연속적으로 펼치고 껴안는 것으로> - <**모든 것**>은 곧 <**다른 모든 것**>이므로, <**의식의 신성 그룹**>이 무엇이든지, 그것은 이 모두 위에 항상 투사하고 또 항상 거두어들이고 있다. - 그는 **주권(主權)**을 얻고, <**바이라바의 상태**>가 된다.

스판다 카리카는 말한다.

그러나 <신성의 의식>에 뿌리를 내릴 때
푸랴슈타카를 자신의 통제 아래로 가져와
그는 진정한 향유자(享有者)가 되고
그때부터 샥티 전체의 주(主)가 된다.

"사람이 <한 곳>에, 즉 <나-의식>으로 구성되는
스판다에 뿌리를 내릴 때, 그때 (운밀라나와 니밀
라나 사마디의 수단으로) 푸랴슈타카[미묘한 몸]와
우주의 우드바와[현현]와 라야[흡수]를 조절하면,
그는 진정한 향유자의 상태를 얻는다. 그리고 샥티
차크라[감각의 신들]의 주(主)가 된다."

여기의 <한 곳[에카트라]>을, 스판다 카리카는
말한다.

<한 곳>에 모든 것을 맡겨야 한다.

"모든 것은 <한 곳>[칫 샥티]에 놓여야 한다."

여기서 <한 곳>은 <칫[의식]의 일반적인 진동의
상태>, <운메샤의 본성이 되는 것>을 말한다.
[스판다 즉 진동에는 <일반적인 면>과 <특별한
면>이 있다. 스판다 카리카에서 자세히 다룬다.]

256

크세마라자는 찬양(讚揚)한다.

칫 차크라의 통치자(統治者),
위대한 주(主)가 되어
<감각의 여신들>의 섬김을 받으리니
모두에 뛰어난 희귀(稀貴)한 자라

☯

이 모든 것이 쉬바다.
이티 쉬밤

<이티>라는 말은 결론(結論)을 나타낸다.

<쉬바>라는 말은 이 경전에서 무엇이 설해졌든 그것이 쉬바라는 뜻이다. 그것이 쉬바를 얻기 위한 수단이기 때문이다.
그것은 쉬바이다. 왜냐하면 그것이 쉬바로부터 왔기 때문이다. 그것이 쉬바의 본성과 다르지 않고, 또 그것이 진실로 쉬바이기 때문이다.

<깨어 있고, 꿈꾸고, 잠자는 상태 모두에서 '몸' '프라나' '기쁨' 등으로 묶인 사람>은, <가공(可恐) 할 엄청난 힘(力)이며 또 지복으로 가득한 (자신의)

의식(意識)>을 알 수 없다.

그러나 이런 교설(敎說)로써, <영적 각성(覺醒)의 대양>에서 우주를 <영적 각성을 위한 신주(神酒)의 거품 덩어리>로 보는 사람은, **실제로, <그런 사람> 그 자신이 곧 쉬바다!**

모든 것이 쉬바다.

모두에게 은덕(恩德)이 있기를!

나가며

<카시미르 쉐이비즘 류(類)>의 책들을 읽는 데 도움(?)이 될 <산스크리트 (기본적) 용어 풀이>를 싣는다. 필자로서는 <내키지 않는 일>이다.

가만히 보면, 필자의 이런 책(冊) 등은 그 전체가 <용어의 설명, 뜻풀이, 문맥(文脈) 다듬기, 그 말의 의미를 찾는 일> 외에 무엇이겠는가!

"산스크리트 용어가 생소해, 문맥이 막힌다!"고 한다. 그럴지도 모른다. 그러나 그것도 자세히 관찰하면 그 용어에 대한 나의 뇌(腦)의 **<기억(記憶)의 문제>**[혹은 <마음의 습관>]일 뿐이다.

어떤 기억이 오래가는가?

필자는 <학습(기억)의 반복 효과>나 <장기(長期) 기억>과 <단기(短期) 기억>, 또 해마(海馬)와…… 그런 것을 말하려고 하는 것이 전혀 아니다. 그런 것은 몰라도 좋다. [알 필요도 없다.]

어떻게 해야 우리의 기억(記憶)이 오래갈 것인가?

우리의 경험으로는, <격렬(激烈)했던 어떤 감정과 억누를 수 없었던 어떤 체험들>은 그 기억이 오래 간다. <첫사랑의 추억>과 <부모님의 죽음>, 아니면 **"눈물 젖은 (영혼의) 빵을 먹은 일"**……

<그런 체험>과 함께 기억되는 말은 쉽게 잊어질 수가 없다. [아니, 잊으려고 해도……]

비갸나 바이라바에서도 말했듯이, 우리의 마음은 어떤 단어[말]의 **정의(定義)를 내리게 되면, '이제 나는 <그것[그 단어가 가리키는 바의 무엇]>을 잘 안다.'고 생각할지도 모른다.**

그러니 **"어떤 말에도 집착하지 말라."**와 더불어 이 <용어 풀이>에도 매이지 말 것을 권한다.

<말>의 협의(狹義)와 광의(廣義), 함의(含意), 또 비의(秘意)…… 그리고 유머[말장난]까지.

이 책의 제목처럼,

어떤 <말>에 대한 각자 나름의 재인식(再認識)과 재해석(再解釋)은 <영성(靈性)의 길>에서는 기본적인 것이다. [특히 <익숙한 말>일수록……]

☯

우리는 <바이카리 바크의 세계> 속에 살고 있다.

우리는 이 <"말"의 세계>를 떠나, 잘 아는 대로, <마드야마 바크의 세계>로, 또 <파쉬얀티 바크의 세계>로 들어가야 한다. <(아주 모호한) "느낌"의 세계>로 말이다.

그래서 결국은 "느낌도 말도 필요 없는" <침묵의 세계> 즉 <파라 바크의 세계>로 들어가야 한다.

[그리고 <좋든 싫든> <누구든> 그 세계로 들어갈 것이다. 물론 대개(大槪)가 <무의식적으로> 말이다. <알아채는 것(일)>을 곧 **의식**(意識)이라고 한다.]

샤르트르가 그의 자서전을 『Les Mots』 즉 『The Words[**말들**]』이라고 한 것과

성경이 <하나님>을 로고스[λογος] 즉 **말씀**[The Word]이라고 한 것은 의미가 깊다고 했다.

파라 트리쉬카의 주석[비바라나, 해석(解釋)]에서 **아비나바굽타**는 이것[<"**말**"의 의미>]을 아주 깊이 다루고 있으므로, 나중 나름 간추려 보려고 한다.

[물론 <일반 독자>에게는 재미가 없겠지만……]

☯

끝으로, <보는 눈[혜안(慧眼)]이 있었던> 한 스승 [**프라갸타라**]이 천리마(千里馬)라고 미리 불렀다는 마조(馬祖) 선사의 시 한 수가 필자의 시선을 끈다.

勸君莫還鄉(권군막환향)
還鄉道不成(환향도불성)
溪邊老婆子(계변노파자)
喚我舊時名(환아구시명)

권하노니 그대여   고향엔 가지 마소
고향에선 누구도   성자일 수 없으니
개울가의 할머니   이 얼굴을 보고는
아직도 <나>를 두고   옛 이름을 부르네

　<듣는 귀라고는 없는> 필자가 <만리우(萬里牛)>
그 **도일**(道一) 선사의 시를 빌려 다시 당부한다.

勸君不立文(권군불립문)
立文道不成(입문도불성)
昨今宗敎子(작금종교자)
喚我舊神名(환아구신명)

권하노니 그대여   말에 매이지 마소
문자에 매여서는   도(道) 닦기 어려우니
옛날이나 지금도   종교라는 것들은
아직도 <나>를 두고   신(神)이라고 부르네

262

산스크리트 용어 풀이

< ㄱ >

가르바[garbha] : 자궁(子宮), **아캬티**, 무명(無明)
갸나[jnana] : <(제한된) 지식>, <(영적) 지혜(智慧)>
갸냐 인드리야[jnanendriya] : <감각 기관(의 힘)>
    1. **그라나**[ghrana] : 코
    2. **라사나**[rasana] : 혀
    3. **착슈**[chakshu] : 눈
    4. **트박**[tvak] : 피부
    5. **슈로트라**[shrotra] : 귀
갸타[jnata] : <아는 자>
계야[jneya] : <알려지는 것>, 대상
고라 샥티[ghora shakti] : 세속적 즐거움으로 끄는 힘
고라타리 샥티[ghoratari shakti] : 윤회계로 끄는 힘
고차리[gochari] : ☞ **바메슈와리**
구나[guna] : 성질(性質), 속성(屬性)
    1) **삿트와**[sattva] : 순수, 밝음
    2) **타마스**[tamas] : 우둔, 어둠
    3) **라자스**[rajas] : 활동, 불안
구루[guru] : 스승, <영적인 안내자>
그라하카[grahaka] : <아는 자>, <감각 기관>, 경험자
그라햐[grahya] : <알려지는 것>, <(경험의) 대상>

263

그란티[granthi] : 결절(結節), 매듭

<ㄴ>

나다[nada] : 소리
    아나하타[anahata] 나다 : <(마찰 없이 나는) 소리>
나디[nadi] : 기맥(氣脈), <에너지 통로(通路)>
    1) 이다[ida] 나디 : 왼쪽의 통로
    2) 핑갈라[pingala] 나디 : 오른쪽의 통로
    3) 수슘나[sushumna] 나디 : 중앙의 통로
나디 삼하라[nadi samhara] : 프라나와 아파나의 용해
나마[nama] : 이름, 명칭(名稱) ☞ 나마-루파
나마-루파[nama rupa] : <이름과 형상>
냐야[nyaya] : ☞ 삿-타르카
니로다[nirodha] : 멈춤, 정지(停止)
니르바나[nirvana] : 열반(涅槃), 그침
니르-비칼파[nir-vikalpa] : <비칼파(생각)가 없는 상태>
니메샤[nimesha] : <눈을 감는 것>
니밀라나[nimilana] : 내향(內向)의
니야티[niyati] : 운명(運命). ☞ 칸추카

<ㄷ>

다나[dana] : 선물(膳物), 보시(布施)

다라나[dharana] : 집중(集中), 응념(凝念), 명상

다르마[dharma] : 의무, 법(法), 본성(本性), 대상(對象)

다르샤나[darshana] : <보는 것>, 철학

댜나[dhyana] : 명상(冥想), 선(禪)

데바[deva] : <빛나는 존재>, 신(神)

데비[devi] : 여신(女神)

데샤[desha] : 공간(空間)

데샤 아드와[desha adhva] : 칼라, 탓트와, 부와나

데하[deha] : 육체(肉體), 몸, 샤리라

두카[duhkha] : 괴로움, 고(苦)

드와다샨타[dvadashanta] : <12 손가락 거리>

딕샤[diksha] : 입문(入門), <영적 지식을 주는 것>

딕차리[dikchari] : ☞ 바메슈와리

< ㄹ >

라가[raga] : 집착(執着). ☞ 칸추카

라야[laya] : 용해(溶解)>, 프랄라야

라자스[rajas] : ☞ 구나

레차카[rechaka] : <토(吐)하는 숨>, 날숨

로디니[rodhini] : 해방(자유)을 방해하는 힘

로카[loka] : 세상(世上), 존재계(存在界)

루드라[rudra] : <울부짖는 자>, 쉬바

루파[rupa] : 형상(形像). ☞ 나마-루파

링가[linga] : 남근(男根)

< ㅁ >

마나스[manas] : 마음. ☞ 안타-카라나

마논마나[manonmana] : <마나스 너머의>, 운마나

마드야[madhya] : 중심(中心), 중앙(中央), 수슘나

마드야마[madhyama] : 중심(中心)의, 중간(中間)의

마드야마 바크[madhyama vak] : ☞ 바크

마드야마카[madhyamaka] : 중관론(中觀論)

마야[maya] : 환영(幻影), 미혹(迷惑), 구성(構成)

마야 프라마타[maya pramata] : ☞ 샵타-프라마타

마이야 말라[mayiya mala] : ☞ 말라

마이투나[maithuna] : 성행위(性行爲)

마챠[matsya] : 물고기

마첸드라[matsyendra] : <물고기의 신(神)>[人名]

마트라[matra] : 대상(對象)

마트리카[matrika] : <말의 근원>, <모든 소리의 어미>

마하-마야[maha-maya] : <슛다비디야와 마야의 중간>

마하-부타[maha-bhuta] : <거친 요소>

   1) 프리트비[prithvi] : 흙(地)

   2) 잘라[jala] : 물(水), 아파스

   3) 테자스[tejas] : 불(火), 아그니

4) 바유[vayu] : 바람(風)

5) 아카샤[akasha] : 공간, 에테르

마하비라[mahavira] : <위대한 영웅>[人名]

마하야나[mahayana] : <큰 수레>, 대승(大乘)

마헤슈와리[maheshvari] : <위대한 주>

만트라[mantra] : 주문(呪文). ☞ 삽타-프라마타

만트라-마헤슈와라[mantra-maheshvara] : ☞ 전항

만트레슈와라[mantreshvara] : ☞ 전항(前項)

말라[mala] : 불순(不純), 오염(汚染)

1) 아나바[anava] 말라 : <근원적 무지>, 무명

2) 마이야[mayiya] 말라 : 마야로 인한 불순.

3) 카르마[karma] 말라 : 카르마로 인한 불순.

말리니[malini] : <우주 전체를 갖는 문자의 힘>

모하[moha] : 마야, <몸, 마음을 자신으로 여기는 것>

목샤[moksha] : 해탈, 해방(자유), 묵티

무드라[mudra] : 손짓, 몸짓, 봉인(封印)

묵티[mukti] : 해방, 목샤

지반 묵티[jivan-mukti] : <육체를 가진 해탈>

물라[mula] : 뿌리, 근원, 기초, 근본, 토대

미망사[mimāṃsā] : ☞ 삿-타르카

< ㅂ >

바르가[varga] : <문자의 행(行)> <탓트와의 범주들>

바르나[varna] : 문자, 음소(音素), <미묘한 프라나>

바마[vama] : <왼쪽>, 부정적(否定的)인

바메슈와리[vameshvari] : 신성(神性)의 샥티(力)

  1) 케차리[khechari]

  2) 고차리[gochari]

  3) 딕차리[dikchari]

  4) 부차리[bhuchari]

바사나[vasana] : 흔적(痕迹), 인상(印象), 습기(習氣)

바와[bhava] : <(외적, 내적) 존재(계)>, 대상(對象)

바와나[bhavana] : <창조적 묵상>, 명상

바유[vayu] : 바람(風), 기(氣)

  1) 프라나[prana] 바유 : 날숨

  2) 아파나[apana] 바유 : 들숨

  3) 사마나[samana] 바유 : <균형>, <조화>의 바유.

  4) 우다나[udana] 바유 : 위로 오르는 바유

  5) 비아나[vyana] 바유 : 편만(遍滿)한 바유.

바이라바[bhairava] : 의식(意識), 쉬바

바이셰시카[vaisheshika] : ☞ 삿-타르카

바이카리 바크[vaikhari vak] : ☞ 바크

바차카[vachaka] : 말, 단어, <만트라, 바르나, 파다>

바챠[vachya] : 대상(對象), <칼라, 탓트와, 부와나>

바크[vak, vac] : 말, 언어(言語)

  1) 파라[para] 바크 : <말없는 말>, 침묵, 로고스

  2) 파쉬얀티[pashyanti] 바크 : <느낌 정도의 말>

  3) 마드야마[madhyama] 바크 : <미묘(微妙)한 말>

  4) 바이카리[vaikhari] 바크 : <육성(肉聲)의 말>

바하[vaha] : <프라나와 아파나>, 흐름, 기맥

박티[bhakti] : 헌신(獻身), 신애(信愛)

반다[bandha] : 속박(束縛), 묶다

발라[bala] : <우주 의식의 힘>

베다[bheda] : 다양성(多樣性), 분화(分化)

베다[veda] : 지식(知識), 앎

    1) 리그[rig] 베다 : <찬양(讚揚)의 지식>

    2) 야주르[yajur] 베다 : <제문(祭文)의 지식>

    3) 사마[sama] 베다 : <예식(禮式)의 지식>

    4) 아타르바[atharva] 베다 : <주술(呪術)의 지식>

베다-아베다[bheda-abheda] : <단일성 안의 다양성>

베단타[vedānta] : ☞ 샷-타르카

보가[bhoga] : 기쁨, 만족, 향유(享有)

복타[bhokta] : 향유자(享有者), 경험자

부미카[bhumika] : 단계, 역할, 수단

부와나[bhuvana] : 세계, 존재계

부차리[bhuchari] : ☞ 바메슈와리

부타[bhuta] : 요소(要素). ☞ 마하-부타

붓다[buddha] : <깨달은 자>, 붓다[人名]

붓디[buddhi] : 지성. ☞ 안타-카라나

붓타나[vyutthana] : <(명상 후의) 일상(日常)>

브라타[vrata] : 서원(誓願), 덕행(德行)

브라흐마[brahma] : <창조의 신>

브라흐마-란드라[brahma-randhra] : 사하스라라

브라흐마-차리야[brahma-charya] : 학습기(學習期)

브라흐만[brahman] : 절대자(絶對者)

브라흐미[brahmi] : <카 행(行)을 통할하는 여신>
비갸나[vijnana] : 의식(意識)
비갸나-바다[vijnana-vada] : 유식론(唯識論)
비디아[vidya] : 지식(知識) ☞ 칸추카
비디아 프라마타[vidya pramata] : ☞ 샵타-프라마타
비라[vira] : 영웅(英雄), 감각(感覺)
비레샤[viresha] : <감각의 주(主)>
비마르샤[vimarsha] : 자각(自覺), <나-의식>
비바르타[vivarta] : 가현(假現)
비베카[viveka] : 분별(分別), 식별(識別)
비부티[vibhuti]] : 힘
비사르가[visarga] : (산스크리트의) ":", 창조(創造)
비쉐샤[vishesha] : 특별한
비슈란티[vishranti] : 쉼, 휴식
비슈바[vishva] : 우주(宇宙)
비슈바-마야[vishva-maya] : 내재(內在)의
비슈봇티르나[vishvottirna] : 초월(超越)의
비아나[vyana] : ☞ 바유
비아피니[vyapini] : 편재(遍在), 비아피카[vyapaka]
비압티[vyapti] : <불변의 수반 관계>, 실현(實現)
    1) 아트마[atma] 비압티 : <참나를 깨닫는 것>
    2) 쉬바[shiva] 비압티 : <우주를 나로 아는 것>
비자[bija] : 씨앗, <우주의 근원>, 모음(母音)
비카사[vikasa] : 확장, 발달
비칼파[vikalpa] : <생각(의 얼개)>, 사고(思考), 상상
비타르카[vitarka] : <알아채는 일>

빈두[bindu, vindu] : 방울, 점(點)

빌라야[vilaya] : 은폐(隱蔽). 티로다나 ☞ 판차-크리탸

< ㅅ >

사다나[sadhana] : <(영적인) 수행(修行)>

사다쉬바[sada-shiva] : <영원한 쉬바>

사다카[sadhaka] : 수행자(修行者)

사두[sadhu] : <선(善)한 자>, 고행자, 선재(善哉)

사르가[sarga] : 창조(創造), <생명의 다양성>

사르바-가타[sarva-gata] : 편재(遍在)

사르바-갸트바[sarva-jnatva] : 전지(全知)

사르바-카르트리트바[sarva-kartritva] : 전능(全能)

사마나[samana] : ☞ 바유 ☞ 운마나

사마디[samadhi] : 황홀경, 무아경, 삼매(三昧)

    1) 운밀라나[unmilana] 사마디 : <외향적 명상>

    2) 니밀라나[nimilana] 사마디 : <내향적 명상>

사마베샤[samavesha] : 몰입, 합일, 사마디

사만야[samanya] : 일반적인

사칼라[sakala] : ☞ 삽타-프라마타

사탸[satya] : 진리, 삿

사하자[sahaja] : <자발적(自發的)인>, 본성(本性)

사하자 비디아[sahaja vidya] : 직관(直觀), 무심(無心)

산다나[sandhana] : 묶다, 합일(合一)

271

산야사[sanyasa] : 포기(抛棄)

산야신[sannyasin] : 포기자(抛棄者)

삼빗[samvit] : <우주 의식>, 중심, **삼빗티**

삼사라[samsara] : 윤회

삼사린[samsarin] : 윤회자(輪廻者), 속인(俗人)

삼스카라[samskara] : 인상(印象)

삼하라[samhara] : 철수(撤收), 소멸 ☞ **판차-크리탸**

삽타-프라마타[sapta-pramata] : <일곱 주체(主體)>

   <일곱 주체론>은 크게 세 부분으로 나눈다.

    1) **쉬바**[shiva] :

       쉬바 수준, <주객(主客) 미분(未分)>

    2) **만트라 마헤슈와라**[mantra-maheshvara] :

       사다쉬바 수준, **잇차[의지]** 현저

    3) **만트레슈와라**[mantreshvara] :

       이슈와라 수준, **갸나[지식]** 현저

    4) **만트라**[mantra] :

       숫다 비디아 수준, **크리야[행위]** 현저

      2), 3), 4)는 <**비디아 프라마타**>

    5) **비갸나칼라**[vijnanakala] :

       마하-마야 수준, **프랄라야칼라, 사칼라** 포함

    6) **프랄라야칼라**[pralayakala] :

       마야 수준, <**순야[공(空)] 프라마타**>

    7) **사칼라**[sakala] :

       마야 이하의 수준, 다양성의 경험

      5), 6), 7)은 <**마야 프라마타**>

삿[sat] : 존재(存在), 실재

샷-비디아[sad-vidya] : <존재-지식>, 슛다-비디아

샷-아드와[sad-adhva] : <현현의 여섯 형태>

　　주체로 <만트라, 바르나, 파다>

　　대상으로 <칼라, 탓트와, 부와나>

샷-칫-아난다[sat-chit-ananda] : <존재-의식-지복>

샷-타르카[sat-tarka] : <육파(六派) 철학>

　　1) 냐야[nyaya] : <논리적 실재론>

　　2) 바이셰시카[vaisheshika] : <다원적 실재론>

　　3) 상키야[sankya] : 수론(數論), 이원론(二元論)

　　4) 요가[yoga] : 결합(結合), 실천(實踐), 수행

　　5) 미망사[mimāṃsā] : <(카르마) 심구(尋究)>학파

　　6) 베단타[vedanta] : <베다의 끝>, 불이론(不二論)

샷트와[sattva] : 존재, <참나의 빛>. ☞ 구나

상코차[sankocha] : 수축, <감각의 철수>

상키야[sankya] : ☞ 샷-타르카

샤리라[sharira] : 몸, 핵심

샤브다[shabda] : 소리, 말

샤스트라[shastra] : 경전(經典)

샥토파야[shaktopaya] : <힘의 방편>

샥티[shakti] : 힘(力), 에너지

　　1) 칫[chit] 샥티 : <의식의 힘>, 프라카샤

　　2) 아난다[ananda] 샥티 : <지복의 힘>, 비마르샤

　　3) 잇차[iccha] 샥티 : <의지(意志)의 힘>

　　4) 갸나[jnana] 샥티 : <지식(知識)의 힘>

　　5) 크리야[kriya] 샥티 : <행위(行爲)의 힘>

샥티 파타[shakti-pata] : <샥티의 하강>, <성령 강림>

샨티[shanti] : 평화(平和), <자아 실현>

샴바보파야[shambhavopaya] : <은총의 방편>

샴바부[shambhavu] : **쉬바**

샴바비 무드라[shambhavi-mudra] : 미간(眉間) 응시

샹카라[shankara] : <은혜를 주는 자>, **쉬바**

소마[soma] : 신주(神酒), **아파나**, 대상(프라메야)

수리야[surya] : 태양, 프라나, 지식(프라마나)

수슙티[sushupti] : <잠자는 상태>, 수면(睡眠)

수카[sukha] : 기쁨, 즐거움

수트라[sutra] : <실(絲)>, 경전(經典)

숙쉬마[sukshma] : 미묘(微妙)한

숙쉬마 샤리라[sukshma-sharira] : <미묘한 몸>

순야[sunya] : 공(空), <텅 빈 것>

순야타[shunyata] : 공성(空性)

쉬바[shiva] : <순수(純粹)한>, <은혜로운 존재>

쉬바 비압티[shiva vyapti] : <쉬바 상태의 실현>

슈루티[shruti] : 계시(啓示)[서(書)]

슈리[shri] : 님[존칭(尊稱)], <고귀(高貴)한>

숫다 비디아[shuddha vidya] : <순수한 지식>, 무심

숫다 탓트와[shuddha tattva] : <순수한 탓트와>

    1) **쉬바**[shiva] **탓트와** : 칫이 현저(顯著)

    2) **샥티**[shakti] **탓트와** : **아난다**가 현저

    3) **사다쉬바**[sada-shiva] **탓트와** : 잇차 **샥티**가

    4) **이슈와라**[ishvara] **탓트와** : **갸나 샥티**가

    5) **삿 비디아**[sad-vidya] **탓트와** : **크리야 샥티**가

스리슈티[srishthi] : 현현, 방사(放射) ☞ **판차-크리탸**

스므리티[smriti] : 기억, <알아챔>, 염(念)

스와루파[svarupa] : 본성(本性), 진면목(眞面目)

스와미[swami] : 선생(先生)[경칭(敬稱)]

스와얌부[svayambhu] : <스스로 존재하는 자>, **쉬바**

스와탄트리야[svatantrya] : <절대 자유>, 독립

스왑냐[svapna] : <꿈꾸는 상태>

스왓찬다[svacchanda] : <절대 자유자>, **바이라바**

스타나-칼파나[sthana-kalpana] : <외부의 지지 대상>

스툴라[sthula] : 거친, 조야(粗野)한

스툴라 샤리라[sthula sharira] : 육체

스티티[sthiti] : 유지, 단계, 정지 ☞ **판차-크리탸**

스파르샤[sparsha] : 촉감(觸感)

스판다[spanda] : 진동(振動), 움직임, <원초적 에너지>

스푸랏타[sphuratta] : 번쩍임, <영적인 빛>, 스판다

싯다[siddha] : 성취자, 달인(達人)

싯디[siddhi] : 성취, 실현(實現), 초능력(超能力)

< ㅇ >

아[A] : **아눗타라**, **쉬바**, <모든 문자에 있는 소리>

아가마[agama] : (카시미르 쉐이비즘의) 경전(經典)

아고라[aghora] : <두려움 없는>, **쉬바**

아그니[agni] : 불(火), <아는 자(**프라마타**)>

아나바 말라[anava mala] : ☞ **말라**

아나보파야[anavopaya] : <개체의 방편>

아나캬[anakhya] : <이름 (붙일 수) 없는 것>

아난다[ananda] : 지복(至福), 희열(喜悅), 기쁨

아난타[ananta] : 영원(永遠)한

아낫카[anacka] : <모음(母音) 없는 자음(子音)의 소리>

아누[anu] : 원자(原子), <경험적(실증적) 개아>, **지바**

아누그라하[anugraha] : 은총, 은혜 ☞ **판차-크리탸**

아누바와[anubhava] : 경험, 체험

아누산다나[anusandhana] : <강력한 각성>, 합일(合一)

아누파야[anupaya] : <자연적인 방편>, 무(無)-방편

아눗타라[anuttara] : <무상(無上)의>, <궁극의 실재>

아드바이타[advaita] : 불이(不二)

아드와[adhva] : 길, 과정(過程)

아란야카[aranyaka] : 숲속의, 삼림기(森林期)

아르다[ardha] : 반(半)

아바사[abhasa] : 양상(樣相)

아-바와[a-bhava] : 비존재(非存在), 공(空), **순야**

아바타라[avatara] : 화신(化身)

아뱍타[avyakta] : 미현현(未顯現)

아베다[abheda] : 단일성, 합일(合一)

아비요가[abhiyoga] : <기억의 회상>

아사나[asana] : 자세, 좌법(坐法)

아수라[asura] : <영적으로 무지한 자>

아슈라마[ashrama] : <삶의 4단계>, 수행처(修行處)

    1) **브라흐마챠리아**[brahmacharya] : 학습기

    2) **그리하스타**[grihastha] : 활동기

3) 바나-프라스탸[vana-prasthya] : 은둔기

4) 산야사[sannyasa] : 유행기(遊行期)

아슈탕가 요가[ashtanga yoga] : <8단계 요가>

1) 야마[yama] : 금계(禁戒)

2) 니야마[niyama] : 권계(勸戒)

3) 아사나[asana] : 자세, 좌법(坐法)

4) 프라나야마[pranayama] : <호흡 조절>

5) 프라탸하라[pratyahara] : <감각 철수>

6) 다라나[dharana] : 집중(集中)

7) 댜나[dhyana] : 명상(冥想)

8) 사마디[samadhi] : 사마디

아슏다[a-shuddha] : 불순한

아자파 자파[ajapa japa] : <반복하지 않는 반복>

아차리아[acharya] : 스승, 구루

아카샤[akasha] : 공간, 에테르

아캬티[akhyati] : 무지(無知), 무명(無明)

아트마[atma] : 자아(自我), 영혼, 아트만

아트마 비압티[atma vyapti] : <자아실현[깨달음]>

아파나[apana] : 들숨, 대상(對象) ☞ 바유

아파라[apara] : <낮은>, <다양성>의

아함[aham] : <나>, "I"

아함-이담[aham-idam] : "나는 이것이다."

아함카라[ahamkara] : <"나"라는 것을 만드는 원리>

아힘사[ahimsa] : 비폭력

악쉐파[akshepa] : <(점진적) 용해>

안타 카라나[antah-karana] : <내부 기관>

1) **붓디**[buddhi] : 지성(知性), 지능
2) **아함카라**[ahamkara] : 에고(Ego), 개아(個我)
3) **마나스**[manas] : 마음

알람바[alamba] : 지지(支持)

암리타[amrita] : 신주(神酒). 생명수(生命水), 소마

얀트라[yantra] : 도구, 도안(圖案)

에카[eka] : 하나, "1"

옴[aum, om] : 절대(絶對)를 상징하는 **만트라**

요가[yoga] : **요가**, 합일(合一), 수행 ☞ **삿-타르카**

요가 니드라[yoga nidra] : <요가적 수면>

요니[yoni] : 음문(陰門), 근원(根源), <**마야 샥티**>

우다나[udana] : ☞ **바유**

우다야[udaya] : 유지(維持), **스티티**, 현현(顯現)

우댜마[udyama] : 섬광(閃光)

우마[uma] : <**쉬바**의 빛>

우파디[upadhi] : <제한된 조건>, 한정자(限定者)

우파야[upaya] : <접근하는 방법>, 방편

우페야[upeya] : 목표, 끝

운마나[unmana] : 무심(無心), <마음 없음>

운메샤[unmesha] : <눈을 뜨는 것>

운밀라나[unmilana] : 현현(顯現), 외향(外向)의

웃차라[ucchara] : <거친 **프라나**의 **다라나**>

이다[ida] : 왼쪽의

이담-아함[idam-aham] : "이것이 나다."

이슈와라[ishvara] : 지배자, 주(主), 자재(自在)

인드라[indra] : <전쟁의 신>

인드리야[indriya] : 도구, 기관, 감각(感覺)

잇차[ichha] : 의지(意志)

<ㅈ>

자갓[jagat] : 세계 과정

자그랏[jagrat] : <깨어 있는 상태>, 각성(覺醒)

자파[japa] : 반복(反復), 암송(暗誦)

지바[jiva] : <개체 영혼>, <경험적(실증적) 개아>

지반 묵티[jivan-mukti] : ☞ 묵티

<ㅊ>

차르바카[charvaka] : 유물론자(唯物論者)

차맛카라[chamatkara] : 지복(至福), <나-의식의 기쁨>

차이탄야[chaitanya] : 의식(意識)

차크라[chakra] : 바퀴, <에너지 중추(中樞)>

　　　1) 물라다라[muladhara] 차크라

　　　2) 스와디스타나[svadhistana] 차크라

　　　3) 마니푸라[manipura] 차크라

　　　4) 아나하타[anahatha] 차크라

　　　5) 비슛디[vishuddhi] 차크라

6) 아걔[ajna] 차크라

7) 사하스라라[sahasrara] 차크라

찬드라[chandra] : 달(月), <(지식의) 대상[프라메야]>

체다[cheda] : 단절, <아낫카로 호흡을 멈추는 것>

체타나[chetana] : <아는 자>, 의식, 파라마 쉬바

체탸[chetya] : <알려지는 것>, <(의식의) 대상>

칫[chit, cit] : 의식(意識), <지켜보는 자>

칫타[chitta] : 마음, <제한된 의식>

< ㅋ >

카라나[karana] : 원인, 도구, <아나보파야의 하나>

카르마[karma] : <(선악의) 행위>, 업(業)

카르마 말라[karma mala] : ☞말라

카르마 인드리야[karmendriya] : <행위 기관>

　　1) 우파스타[upastha] : 생식(生殖)

　　2) 파유[payu] : 배설(排泄)

　　3) 파다[pada] : 발

　　4) 파니[pani] : 손, 하스타[hasta]

　　5) 바크[vak, vac] : 말

카마[kama] : 욕망

카이발야[kaivalya] : 독존(獨存), 해탈, 철수

카알라[kaala] : 시간(時間) ☞ 칸추카

카알라-아그니[kaala-agni] : <시간의 불>, 쉬바

칸다[kanda] : 물라다라 차크라
칸추카[kanchuka] : 덮개
    1) 칼라[kala] : 부분(部分), <행위의 제한성>
    2) 비디아[vidya] : (불순한) 지식(知識)
    3) 라가[raga] : 집착(執着)
    4) 카알라[kaala] : 시간(時間)
    5) 니야티[niyati] : 운명(運命)
칼라[kala] : ☞ 칸추카
칼리[kali] : <검은>, <힌두 여신>
칼리 유가[kali-yuga] : 영적 쇠퇴기.
칼파 브릭샤[kalpa-vriksha] : <생명의 나무>
케발리[kevali] : 홀로, 독존자(獨存者)
케차리[khechari] : ☞ 바메슈와리
케차리 무드라[khechari mudra] : <우주 의식의 기쁨>
코샤[kosha] : 껍질, 덮개, 층(層)
    1) 안나-마야[anna-maya] 코샤 : 음식으로 된 층
    2) 프라나-마야[prana-maya] 코샤 : 생명력으로
    3) 마노-마야[mano-maya] 코샤 : 생각으로
    4) 비갸나-마야[vijnana-maya] 코샤 : 이해로
    5) 아난다-마야[ananda-maya] 코샤 : 지복으로
쿠마리[kumari] : 처녀, <세계 과정을 놀이하는 자>
쿤달리니[kundalini] : (암컷) 뱀, <쉬바의 창조력>
쿨라[kula] : 전체성(全體性), 가족, 확장
쿰바카[kumbhaka] : 지식(止息)
크라마[krama] : 연속(連續), <크라마에 의한 자아실현>
크라마 무드라[krama mudra] : <안팎을 오가는 상태>

크리야[kriya] : (신성의) 행위(行爲), 무위지위(無爲之爲)

크샤트리야[kshatriya] : 전사(戰士) 계급

크쇼바[kshobha] : 동요(動搖), <몸, 마음과의 동일시>

클레샤[klesha] : 번뇌(煩惱)

< ㅌ >

타르카[tarka] : 논리, 변증법

타마스[tamas] : <어둠>. ☞ 구나

타파스[tapas] : 열(熱), 고행(苦行)

탄마트라[tanmatra] : <인지(認知)의 기본요소>

    1) 간다[gandha] 탄마트라 : 냄새

    2) 라사[rasa] 탄마트라 : 맛

    3) 루파[rupa] 탄마트라 : 모양, 색(色)

    4) 스파르샤[sparsha] 탄마트라 : 감촉

    5) 샤브다[shabda] 탄마트라 : 소리

탓[tat] : <그것>

탓트와[tattva] : 요소, 원리, 부타, 범주, 실재

투리야[turiya] : <네 번째>

투리야-티타[turiyatita] : <투리야를 초월하는 상태>

트리카[trika] : "3", 삼위(三位)

티로다나[tirodhana] : 은폐(隱蔽), 숨김

< ㅍ >

파드마[padma] : 연꽃

파라[para] : <최고의>, <단일성(單一性)>의, 완전한

파라마[parama] : 최고의

파라마 쉬바[parama shiva] : <궁극의 실재>, 하느님

파라 바크[para vak] : ☞ 바크

파라 비디아[para vidya] : 영지(靈知)

파라 샥티[para shakti] : <지고의 힘>

파라-아파라[para-apara] : <단일성 안의 다양성>

파쉬얀티 바크[pashyanti vak] : ☞ 바크

파슈[pashu] : 짐승, <묶인 영혼>

파슈-파티[pashu-pati] : <짐승들의 신>, 쉬바

파티[pati] : 주(主), <해방된 영혼>

판차-크리탸[pancha-kritya] : <다섯 행위>

    1) 스리슈티[srishti] : 현현(顯現)

    2) 스티티[sthiti] : 유지(維持)

    3) 삼하라[samhara] : 철수(撤收), 소멸

    4) 빌라야[vilaya] : 은폐(隱蔽), 티로다나

    5) 아누그라하[anugraha] : 은총(恩寵)

팔라[phala] : 열매, 결과(結果)

푸라카[puraka] : <마시는 숨>, 들숨

푸랴슈타카[puryashtaka] : <미묘한 몸>, 마음

푸루샤[purusha] : <개체 의식>, 인간, 영혼

푸루샤 아르타[purusha-artha] : <인간의 목표>

    1) 아르타[artha] : 부(富)

2) 카마[kama] : 욕망

3) 다르마[dharma] : 의무

4) 목샤[moksha] : 해탈

푸자[puja] : 예배(禮拜)

프라갸[prajna] : 지혜(智慧)

프라갸 파라미타[prajna-paramita] : <지혜의 완성>

프라나[prana] : 숨, 생기(生氣), 호흡 ☞ **바유**

프라나 샥티[prana shakti] : <생명 에너지>

프라마나[pramana] : 지식, <지식의 수단>, 증거

프라마타[pramata] : <아는 자>, 주체, 경험자(經驗者)

프라마트리[pramatri] : 주체(主體), <아는 자>

프라메야[prameya] : 대상(對象), <알려지는 것>

프라사다[prasada] : 은총(恩寵), <"소[Sauḥ]" 만트라>

프라사드[prasad] : (예배 후 나눠 먹는) 음식

프라사라[prasara] : 확장

프라카샤[prakasha] : 빛. ☞ **칫**

프라크리티[prakriti] : 물질(物質), <대상성의 원인>

프라탸비갸[pratyabhijna] : 재인식(再認識), 인지(認知)

프라티바[pratibha] : 의식, **파라 샥티**

프랄라야[pralaya] : 용해, 붕괴

프랄라야칼라[pralayakala] : ☞ **삽타-프라마타**

프리트비[prithvi] : 흙(地). ☞ **마하부타**

핑갈라[pingala] : 오른쪽의

< ㅎ >

하[ha] : (산스크리트 마지막 철자) 샥티의 상징
함사[hamsa] : <만트라의 하나>, 백조(白鳥)
헤투[hetu] : 원인, 수단(手段)
흐라다[hrada] : 호수(湖水)
흐리다야[hridaya] : 심장, 가슴, <중심 의식>, 핵심
흐리트[hrit] : 가슴

아는 자를 아는 일
프라탸비갸 흐리다얌

초판 1쇄 발행   2017년 3월 27일

지은이 | 金恩在

펴낸이 | 이의성
펴낸곳 | 지혜의나무
등록번호 | 제1-2492호
주소 | 서울시 종로구 관훈동 198-16 남도빌딩 3층
전화 | (02)730-2211   팩스 | (02)730-2210

ISBN 979-11-85062-18-1   03150

* 잘못된 책은 바꾸어 드립니다.